零 基 础

经 营 学
笔 记

［日］平野敦士卡尔　著

田孝平　　译

中国科学技术出版社

·北 京·

零基础

经营学
笔　　记

［日］平野敦士卡尔　著

田孝平　　　译

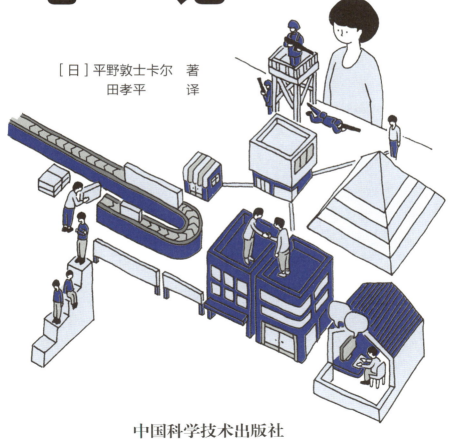

中国科学技术出版社

· 北　京 ·

这个年代具有
经营者视角很重要

一听到"经营战略"，很多人都会觉得很难。这是一种战斗的方法吗？我又不是企业负责人，所以这和我没关系。

然而，经营战略不仅仅是经营者、企划负责人、企业顾问应该学习的东西，我认为这对所有人来说都是有必要学习的。

所谓战略就是"不易被竞争对手模仿，并且可以持续很长时间的东西"。在瞬息万变的商业环境中，优秀的企业是指，所有的员工都能感知世界的变化，预测未来的发展，迅速地向管理层反馈且不断发展的企业。

如今这个时代，每个员工都应具有经营者的视角，这比什么都重要。

为了掌握"如果你是企业负责人你会怎么想呢？"这一经营者视角的战略性思维，本书用插图简单易懂地说明了其所需的基本事项。

具体来说，从经营战略的历史概况、战略思维、逻辑思维到经营战略的重要框架，从过去到现代，从欧美国家到日本，本书对各种各样的经营战略进行了分类整理，总结出代表性的理论精髓以便读者能够系统学习，其中甚至涵盖了工商管理硕士（MBA）需要学习的基础知识。

此外，本书还涵盖了最新的经营战略理论中的平台战略、设计思维、青色组织和预订等最新话题的关键点。

　　重要的是，在将这些理论和过去的事例作为"知识"进行理解的基础上，掌握主动思考自己公司"当前及未来战略"的战略性思维。

　　例如，当您在新闻中听到有关成功企业的信息时，试着思考那家公司是以怎样的战略取得了成功，并常常思考自己如果是那家公司的企业负责人会怎么做。

　　虽然也有观点认为过去的战略和案例不能作为参考，但可以试着一边思考那个时代的公司是如何应对环境变化的，一边试着从"如果是今天的时代该怎么做才好"这一角度来考虑问题吧。

　　另外，成为本书基础的拙著"卡尔教授的商务集中授课"系列丛书（包括《经营战略》《金融、财务》，这两本为朝日新闻出版）中也记载了参考书籍，所以想进一步深入学习的读者，敬请参考。

　　另外，我还主编了"一看就会"系列丛书：《一看就会大学4年的经营学笔记》《一看就会大学4年的市场营销笔记》《知识小白也能学以致用！一看就会商业模式笔记》（这三本为宝岛社出版），如果能结合这些书籍一起学习的话，我想能够帮助您加深理解。

　　希望本书能激发您对经营战略的兴趣。

平野敦士卡尔

2019年5月

目 录

第 1 章
经营战略理论概述 ?

第 2 章
战略制定方法概述

第 3 章
制定战略前的准备工作

第 4 章
发展战略理论概述

第 5 章

从事有风险的
事业的评估方法

第 6 章

制定个别战略
方法介绍

第 7 章

提高企业发展可能性和价值的战略概述

第 8 章

战略实施方法

第 1 章

?

经营战略理论概述

未来想创业的惠子在大学上经营战略课。
今天是第一节课，
好像要学习经营战略的基础概念和历史。

01 经营战略的概念

?

战略是指为取得战争胜利而实施的综合且长期的策略。
那么经营战略是什么意思呢?

　　未来想创业的惠子进入大学的管理专业就读。教授讲道:"**经营战略是指企业根据其经营理念,为应对环境变化并实现其未来目标所采用的一种手段。**"惠子向教授询问是否有对实际业务有用的理论,教授回答:"无论哪个理论都是正确的,都是从实际的成功或失败事例中推导出来的。"

经营战略是实现未来目标的一种手段

教授进一步阐述了战略性思维的重要性，即理解理论和过去的事例，主动思考所属公司的现在以及未来战略。例如，思考成功企业是以什么样的战略取胜。惠子在灵活运用知识的同时，领悟到主动思考"如果我是那家公司的老板，我该怎么办"的重要性。

思考经营战略的三个基本方法

经营理念、经营战略、商业模式是根本

企业要想盈利，所必备的基本要素是什么？带着疑问，惠子来听今天的课。

教授说："企业盈利的三个基本要素是经营理念、经营战略、商业模式。惠子问："经营理念是什么？"教授回答："经营理念是经营者未来想达到的目标。"经营理念可以分为"前景"和"使命"，描绘未来公司面貌的是前景，未来公司应发挥的作用是使命。

经营理念、经营战略、商业模式

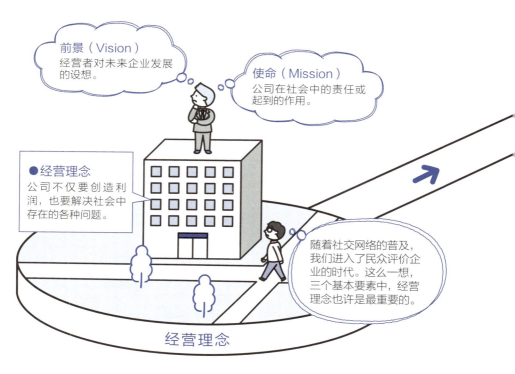

前景（Vision）
经营者对未来企业发展的设想。

使命（Mission）
公司在社会中的责任或起到的作用。

●经营理念
公司不仅要创造利润，也要解决社会中存在的各种问题。

随着社交网络的普及，我们进入了民众评价企业的时代。这么一想，三个基本要素中，经营理念也许是最重要的。

经营理念

教授接着讲道："商业模式是指企业创造利润的方式，企业基于经营理念和经营战略构建商业模式。"教授还讲到掌握三个基本要素的关系很重要，并讨论了企业的作用，他说："企业不仅要创造利润，还要解决社会中的各种问题。"之后教授结束了当天的课程。

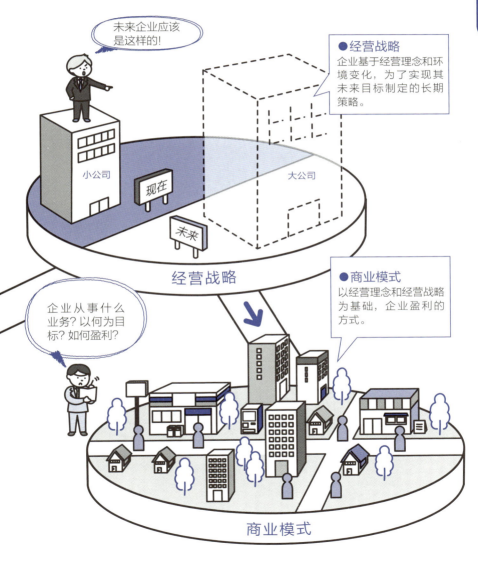

未来企业应该是这样的!

●经营战略
企业基于经营理念和环境变化，为了实现其未来目标制定的长期策略。

小公司

现在

未来

大公司

经营战略

企业从事什么业务? 以何为目标? 如何盈利?

●商业模式
以经营理念和经营战略为基础，企业盈利的方式。

商业模式

03 经营战略的三个层次

经营战略有哪几种呢？惠子决定先从这里学起。

?

企业经营战略有总体层战略、业务层战略、职能层战略三个层次。总体层战略是指企业整体的战略，即在开展多项业务时，决定如何有效利用人力、物力、财力等资源与其他企业进行竞争的策略。业务层战略是指决定企业活动中的个别业务如何与其他企业进行竞争的策略。

总体层战略、业务层战略、职能层战略

在经营战略中，对总体层战略、业务层战略、职能层战略三个战略进行整合非常重要。

职能层战略

职能层战略由营销战略、技术战略、生产战略、组织战略、财务战略等组成。

战术

现场的运营和业务不是战略而是"战术(Tactics)"。

有什么提高生产效率的办法吗？

哪个？

我制作了企划书。请您批准执行。

首先通过引入"看板方式"削减成本和库存。

另外，职能层战略是指企业根据其内部各方面功能划分制定的战略。在企业的经营战略中，重要的是对总体层战略、业务层战略、职能层战略进行整合。在此之前，重要的是客观而正确地把握现状，制定正确的战略。另外，现场的行动计划等操作（运营、业务）不是战略，是"战术"。

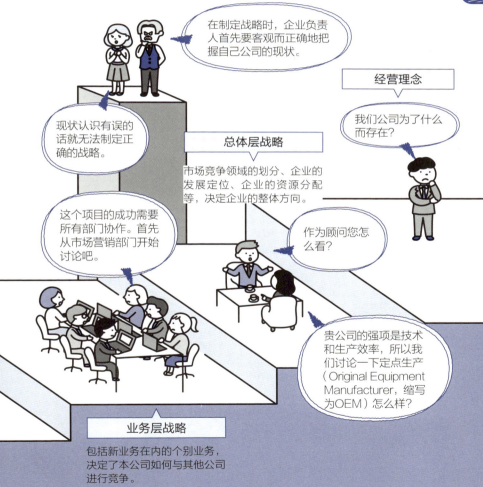

7

04 经营战略理论的五种分类

惠子为了了解经营战略理论，决定仔细查阅并试着掌握
20 世纪 60 年代至今的经营战略理论。

学习经营战略理论历史的惠子了解到，在企业中实际使用的战略理论，根据方法论可以分为**战略计划学派**（计划学派）和**创新战略学派**（创新学派）两类。前者的想法是高层管理人员制定战略并遵循该战略。后者的想法是中层管理人员根据实际情况进行思考，并通过与高层管理人员互相协作来制定战略。

经营战略的分类

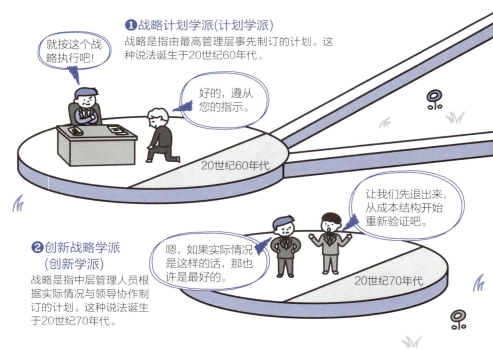

❶战略计划学派(计划学派)
战略是指由最高管理层事先制订的计划。这种说法诞生于20世纪60年代。

就按这个战略执行吧！

好的，遵从您的指示。

20世纪60年代

让我们先退出来，从成本结构开始重新验证吧。

❷创新战略学派
（创新学派）
战略是指中层管理人员根据实际情况与领导协作制订的计划。这种说法诞生于20世纪70年代。

嗯，如果实际情况是这样的话，那也许是最好的。

20世纪70年代

另外，战略计划学派（计划学派）可以分为定位学派和资源基础理论学派。前者认为获利能力因行业而异，因此使企业在获利行业中占据竞争优势地位的计划就是战略。而后者认为根植于人员和组织的优势是最难模仿的，企业应该利用自身优势进行竞争。除此之外，2000年后诞生了最新的战略理论。

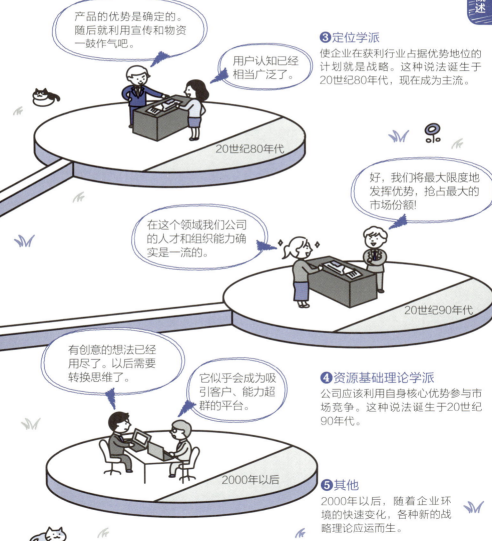

❸ 定位学派

使企业在获利行业占据优势地位的计划就是战略。这种说法诞生于20世纪80年代，现在成为主流。

❹ 资源基础理论学派

公司应该利用自身核心优势参与市场竞争。这种说法诞生于20世纪90年代。

❺ 其他

2000年以后，随着企业环境的快速变化，各种新的战略理论应运而生。

05 ? 经营战略的历史一

为取得战争胜利而使用的战略和商业领域的经营战略有很多共同点。

　　惠子对教授所说的"战争中使用的战略可以运用到商业上"这句话很感兴趣。例如，孙武所著的最古老的兵法书《孙子兵法》中写道："道者，令民与上同意也""故将通于九变之利者，知用兵矣""知己知彼，百战不殆"，等等。这些内容让人无法想象这是2500年前写的东西。《孙子兵法》可作为一本阐述人与人关系的参考书籍。

军事战略和经营战略

"军事战略"时代，人们为了国家存亡和自己的生死而战斗，所写的书中留下了很多商业启示。

孙武

孙武于春秋战国时期生于齐国（今中国山东省东北部），之后成为吴国的将军转战各地。《孙子兵法》是孙武写下原稿之后，由其后人整理而成的。

除了武田信玄、拿破仑等历史英雄外，松下幸之助、比尔·盖茨等众多企业家也都很爱读《孙子兵法》。

《战争论》对众多军人产生了影响。

卡尔·冯·克劳塞维茨

卡尔·冯·克劳塞维茨出生于普鲁士王国，在拿破仑战争中作为普鲁士军的军官奔赴战场。在其死后，其遗孀于1832年整理出版了反映其思想的《战争论》，成为后来西欧战略学书籍中的典范。

另外，教授还推荐了克劳塞维茨的《战争论》。"制订战争计划时，首先要找出敌人力量的几个重心，并在可能的情况下缩小到一个重心，然后将指向该重心的力量集中于一次主要行动中。""迈出第一步时就要考虑到最后一步。"将这些格言罗列出来，就会明白这是一本和商战同义的书。教授说其中关于组织的构想特别具有参考价值。

成为商业的启示

《孙子兵法》当中的名言名句

不战而屈人之兵，善之善者也。

先知者，不可取于鬼神，不可象于事，不可验于度，必取于人，知敌之情者也。

围师必阙，穷寇勿迫。

故兵贵胜，不贵久。

成为商业的启示

《战争论》当中的名言名句

制订战争计划时，首先要找出敌人力量的几个重心，并在可能的情况下缩小到一个重心，然后将指向该重心的力量集中于一次主要行动中。

当遇到预想不到的事情时，让自己迅速平静下来。

迈出第一步时就要考虑到最后一步。

经营战略的历史二

?

18世纪60年代兴起的工业革命引发了社会变革，作为经营学和生产管理理论基础的新的方法论应运而生。

关于经营战略理论历史的课程仍在继续。"据说现代**经营学**和生产管理理论的基础是弗雷德里克·泰勒的《科学管理原理》。这本书研究了劳动者和原材料等经营资源如何组合才能提高生产率，并记载了分工和合作的科学管理方法。另外，亨利·法约尔的《工业管理与一般管理》也很重要，书中阐述了经营管理的重要性。"

工业革命的发生和经营学的诞生

（1900年前后—20世纪30年代）

18世纪60年代工业革命发生后，为了提高工作效率，有学者提出了劳动管理法，不久便发展成为经营学。

弗雷德里克·泰勒
（1856—1915）

弗雷德里克·泰勒是美国机械工程师、管理学家。他作为机械工进入钢铁厂，8年后晋升为总工程师。之后他又作为工学博士从事管理研究，晚年致力于普及科学管理法。

亨利·法约尔
（1841—1925）

亨利·法约尔是法国管理学家。他当过矿山工程师，后来成为矿业公司的总经理，成立了管理研究所。他与泰勒并称为"经营管理论的鼻祖"。

通过分工和协作确立科学管理法。因流水线生产，工厂将成本削减到了原来的1/10以下。

将企业活动分为技术、商业、财务、安全、会计、经营管理六类，阐述了经营管理的重要性。

教授进一步说，乔治·埃尔顿·梅奥的霍桑实验也是讲述经营战略理论历史不可缺少的一部分。这个实验得出的"劳动者的自尊心和信任关系对生产率产生很大影响"和"人不是机器"的结论，批判了此前主流的科学管理方法。另外，切斯特·巴纳德所写的《经理人员的职能》一书也很重要，书中阐述了要使组织有效发挥作用，全员拥有共同的目标、协作的意愿（动力）和进行信息交流是很必要的。

乔治·埃尔顿·梅奥
（1880—1949）

乔治·埃尔顿·梅奥是出生于澳大利亚的美国产业社会学家。他在哈佛大学进行霍桑实验，创立了人际关系学说，批判了此前主流的科学管理方法。

从理论上阐述了要使组织有效地发挥作用，组织全员的共同目标、协作的意愿（动力）和进行信息交流很重要。

实验证明了工人的生产率受感情和人际关系等因素的影响，工人因为受到关注而提高生产率。

切斯特·巴纳德
（1886—1961）

切斯特·巴纳德是美国经营者、管理学家。1938年出版了代表作《经理人员的职能》，确立了组织管理的基础理论。切斯特·巴纳德作为管理学家与泰勒齐名。

要点

产业结构的变化

19世纪到20世纪前半叶是只要能制造出来产品就能卖出去的时代，所以资本实力是成功的关键，但是当时恶劣的劳动环境成为资本家阶级和工人阶级之间斗争的根源。在工业革命发生的100多年后，泰勒的科学管理法诞生了。

20世纪初，美国福特公司引入科学管理方法，从而批量生产了T型福特车。

汽车的批量生产在全世界还是第一次。

07

?

经营战略的历史三

进入 20 世纪 60 年代，经营的课题从经营管理变为经营战略，各种各样的经营战略理论应运而生。

教授的课仍在继续。"进入20世纪60年代，由于市场饱和，企业开始重视其外部的作战方式和长期战略。在这种情况下，伊戈尔·安索夫的《公司战略》诞生了。这本书首次提出了竞争战略概念，还提出了战略构成和战略决策的系统性方法。安索夫的战略决策模型以战略、结构、系统的3S模型闻名。"

从经营管理到经营战略理论（20世纪60年代）

第二次世界大战后，美国的工业发展到了被称为"世界工厂"的程度。随着市场逐渐饱和，为了进一步发展，经营战略理论就变得至关重要。

作为战略决策模型，安索夫提出了战略-结构-系统的3S模型。

首次提出公司战略，并说明组织在进入多元化和新业务时期，应根据其策略进行战略设计。

伊戈尔·安索夫（1918—2002）

伊戈尔·安索夫是出生于俄罗斯的美国管理学家。他于1965年出版的代表作《公司战略》是第一部专注于战略理论的书籍，被誉为"经营战略之父"。

小艾尔弗雷德·钱德勒（1918—2007）

小艾尔弗雷德·钱德勒是美国企业史学家。通过对企业史和企业家史的综合研究，他开创了一般企业史。1962年因出版《战略与结构：美国工商企业成长的若干篇章》而闻名。

教授进一步说："我们要掌握钱德勒的《战略与结构：美国工商企业成长的若干篇章》中的内容。"钱德勒在这本书中阐明组织和战略有密切关系，组织在进入多元化时代和新领域时，应该配合其战略进行设计。另外，作为20世纪60年代提倡的新模型，波士顿咨询公司（BCG）的经验和效果很重要。

麦肯锡公司

麦肯锡公司于1926年由詹姆斯·麦肯锡创建。1950年，担任总裁的马文·鲍尔使麦肯锡公司奠定了战略咨询公司的地位。麦肯锡公司在全世界60个国家拥有105个分公司。

20世纪60年代，企业的关注点从经营和管理的"内部"转移到经营战略理论的"外部"。

马文·鲍尔（1903—2003）

马文·鲍尔于1933年进入麦肯锡公司，确立了为大公司制定战略的核心业务。

波士顿咨询公司（BCG）

1963年由布鲁斯·亨德森等人创建。如今在全球超过50个国家拥有90多个分公司。

布鲁斯·亨德森（1915—1992）

作为公司战略的先驱而闻名，为管理咨询的发展做出了贡献。

要点

工商管理硕士（MBA）

MBA是指授予修完商学院硕士学位课程学生的学位。麦肯锡和BCG公司通过招收优秀的MBA学生而迅速发展。

詹姆斯·阿贝格伦（1926—2007）

詹姆斯·阿贝格伦曾担任BCG日本分公司的董事长、副总裁。他作为"终身雇佣制"一词的创造者而广为人知。

经营战略的历史四

1970 年左右—20 世纪 80 年代，世界进入低增长时代，市场营销和竞争战略这些概念开始受到关注。

经营战略理论历史的学习进入到20世纪70年代以后。教授说："这是一个抢夺有限市场的时代，如何制定可以在竞争中胜出的竞争战略变得尤为重要。"在日本也非常有名的彼得·德鲁克出现，他将管理的概念推广开来。德鲁克认为，**管理**不是经营管理，而是包含战略在内的更高层次的东西。经营的本质是**市场营销和创新**。

彼得·德鲁克、菲利普·科特勒、亨利·明茨伯格
（1970 年左右—20 世纪80 年代）

1970年左右—20世纪80年代，市场营销、竞争战略这些概念备受瞩目。著名的德鲁克和科特勒都活跃在这个时代。

彼得·德鲁克
（1909—2005）

彼得·德鲁克出生于奥地利，是主要活跃在美国的管理学家。他提出"管理是给予事业生命的存在"，并将管理的概念推广开来。著有《卓有成效的管理者》《管理的实践》《管理：使命、责任、实践》等多部代表作。

作为上司，对组织有尽可能发挥部下优势的责任。员工应该专注于自己的优势，不可以把太多的时间花在改善自己不擅长的事情上。

管理不只是经营管理，而是包含战略在内的更高层次的东西，经营的本质是市场营销和创新。

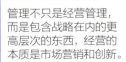

最初提出"企业是为了社会公益而存在"理论的也是德鲁克。

现在应该就是企业社会责任（Corporate Social Responsibility，缩写为CSR）的概念啊。

另外，教授说，现代营销学之父科特勒的著作《营销管理》也很重要。在这本书中，科特勒普及了顾客市场细分、目标市场、市场定位的STP理论，以及市场营销的4P理论。除此之外，亨利·明茨伯格也很有名，他认为先制定大方针后行动，之后再进行修正的创新型战略（经理角色学派）才是现实的经营战略。

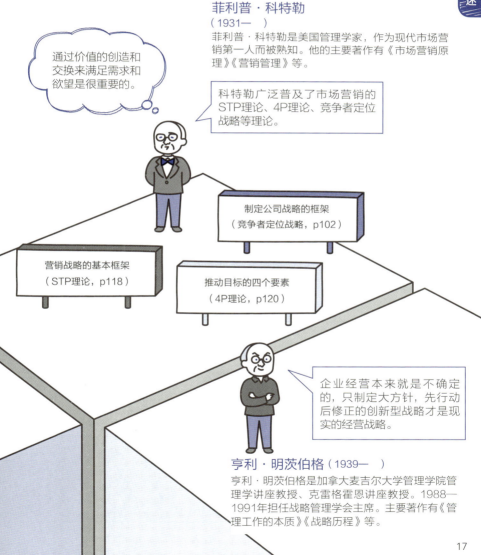

菲利普·科特勒

（1931— ）

菲利普·科特勒是美国管理学家，作为现代市场营销第一人而被熟知。他的主要著作有《市场营销原理》《营销管理》等。

通过价值的创造和交换来满足需求和欲望是很重要的。

科特勒广泛普及了市场营销的STP理论、4P理论、竞争者定位战略等理论。

制定公司战略的框架

（竞争者定位战略，p102）

营销战略的基本框架

（STP理论，p118）

推动目标的四个要素

（4P理论，p120）

企业经营本来就是不确定的，只制定大方针，先行动后修正的创新型战略才是现实的经营战略。

亨利·明茨伯格（1939— ）

亨利·明茨伯格是加拿大麦吉尔大学管理学院管理学讲座教授、克雷格霍恩讲座教授。1988—1991年担任战略管理学会主席。主要著作有《管理工作的本质》《战略历程》等。

09 经营战略的历史五

?

20世纪80年代延续至20世纪90年代，依然是竞争战略的年代。
经营战略领域的大明星迈克尔·波特登场，他提出了很多理论。

教授向惠子讲述了20世纪80年代定位学派（p24）的中心人物波特，他像彗星一样登场，出版了《竞争战略》和《竞争优势》。波特在这些著作中提出，企业应该进行市场分析和竞争分析，进入能赚钱的行业。此外，波特认为，企业应该采取的战略只有总成本领先战略、差别化战略、专一化战略三个基本战略（p96）。

波特提出的代表性战略

迈克尔·波特提出了现代经营战略和市场营销中备受重视的五力分析模型、价值链等许多重要理论。

迈克尔·波特（1947—　）

迈克尔·波特是美国管理学家，哈佛商学院教授。波特提出，企业是否进入赚钱的行业，取决于其竞争优势。他是定位学派的重要人物。

分析行业竞争状态的框架
（五力分析模型，p100）

购买者的议价能力

同行业现有竞争者的能力

供应商的议价能力

替代品的替代能力

潜在竞争者进入市场的能力

不考虑所有的利益相关者，生意将无法开展。

波特主张企业应该进行市场分析和竞争企业分析，进入赚钱的行业。

另外，波特提出了价值链分析模型的框架，阐述了企业对自己公司组织进行功能分析的必要性。企业不仅应该通过外部环境分析来明确自己公司的定位，还应该通过对自己公司组织和经营资源等的内部分析实现更有效地定位。这个理论在20世纪80年代得到了当时企业家们的大力支持，惠子对这个理论大加赞赏，不知不觉地说："原来如此!"

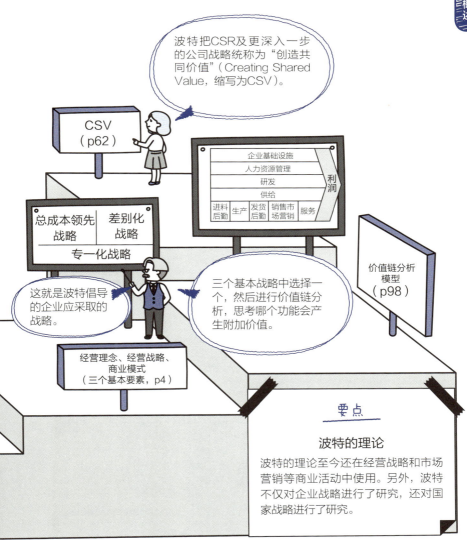

波特把CSR及更深入一步的公司战略统称为"创造共同价值"（Creating Shared Value，缩写为CSV）。

CSV
（p62）

企业基础设施				
人力资源管理				
研发				
供给				
进料后勤	生产	发货后勤	销售市场营销	服务

利润

总成本领先战略　差别化战略
专一化战略

价值链分析模型
（p98）

这就是波特倡导的企业应采取的战略。

三个基本战略中选择一个，然后进行价值链分析，思考哪个功能会产生附加价值。

经营理念、经营战略、商业模式
（三个基本要素，p4）

要点

波特的理论

波特的理论至今还在经营战略和市场营销等商业活动中使用。另外，波特不仅对企业战略进行了研究，还对国家战略进行了研究。

10 经营战略的历史六

20 世纪 90 年代以后，资源基础理论学派等开始兴起，
从 20 世纪 90 年代后半期开始，人们开始关注创新。

教授说："20世纪80年代随着波特理论的兴起，美国企业都采用相似的战略，从而失去了发展势头。"20世纪90年代之后，战略的执行力、人才和组织的重要性受到关注，**资源基础理论学派和学习学派（p25）**获得了支持。其中，《公司的核心竞争力》最为有名。它阐述了以自己公司所拥有的经营资源为基础，发挥本公司优势的经营战略的有效性。

战略执行力和创新

20世纪90年代初，人才和组织的重要性逐渐被提及。到了20世纪90年代后半期，在发达国家经济停滞的情况下，创新受到了关注。

从理论上阐述了企业的竞争优势中重要的不是产品、服务的定位，而是如何利用企业所拥有的经营资源。

加里·哈默尔（1954—　）

加里·哈默尔是伦敦商学院的客座教授。他作为战略和创新研究专家受到世界性好评。哈默尔著有《领导革命》等多部著作。

杰伊·B. 巴尼
（1954—　）

巴尼是美国管理学教授。他以基于经营资源战略的理论而闻名，成为资源基础理论发展的奠基人。著有《资源基础理论》《战略管理：获得与保持竞争优势》等。

1990年在《哈佛商业评论》上发表了《公司的核心竞争力》一文，普拉哈拉德和加里·哈默尔认为以自己公司所拥有的经营资源为基础，充分利用自己公司优势的经营战略是最有效的。

哥印拜陀·克利修那·普拉哈拉德（1941—2010）

普拉哈拉德是在印度出生的美国管理学家、密歇根大学商学院教授，著有《为未来而竞争》等著作。他是企业战略理论的领头人，因对跨国企业的战略和经营者作用的研究而闻名。

企业内部条件分析框架
VRIO
（p58）

核心竞争力
（p60）

教授接着说:"进入20世纪90年代后半期,创新(技术革新)开始受到关注。"克莱顿·克里斯坦森在《创新者的窘境》中解析了由于创新,大企业被比自己小的竞争对手夺走市场的机制。另外,约翰·P. 科特主张要完成新的大挑战,变革型的领导力是必要的。

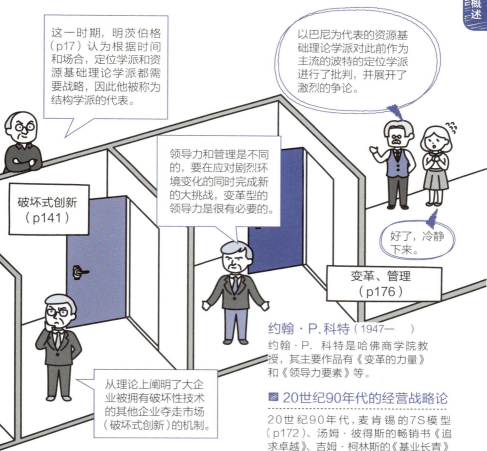

这一时期,明茨伯格(p17)认为根据时间和场合,定位学派和资源基础理论学派都需要战略,因此他被称为结构学派的代表。

以巴尼为代表的资源基础理论学派对此前作为主流的波特的定位学派进行了批判,并展开了激烈的争论。

领导力和管理是不同的,要在应对剧烈环境变化的同时完成新的大挑战,变革型的领导力是很有必要的。

好了,冷静下来。

破坏式创新(p141)

变革、管理(p176)

从理论上阐明了大企业被拥有破坏性技术的其他企业夺走市场(破坏式创新)的机制。

约翰·P.科特(1947—)
约翰·P. 科特是哈佛商学院教授,其主要作品有《变革的力量》和《领导力要素》等。

■ 20世纪90年代的经营战略论
20世纪90年代,麦肯锡的7S模型(p172)、汤姆·彼得斯的畅销书《追求卓越》、吉姆·柯林斯的《基业长青》等阐述了组织的重要性。除此之外,此时期还有业务流程再造(Business Process Reengineering,缩写为BPR)(p114),基于时间的竞争(p82),SECI模型(p90)等理论被提出。

克莱顿·克里斯坦森(1952—)
克莱顿·克里斯坦森是哈佛商学院教授。通过其第一本著作《创新者的窘境》确立了破坏式创新理论。

经营战略的历史七

进入 2000 年，新的互联网企业跃居世界首位，新的商业模式构建理论应运而生。

教授关于经营战略理论历史的讲授到了最后一课。他说："21世纪，随着信息技术的发展，新的信息技术企业开始崭露头角，一种全新的商业模式构建理论应运而生。"惠子让教授举个例子。教授说："蓝海战略、平台战略®、免费增值、设计思维。"

产生创新的新商业模式

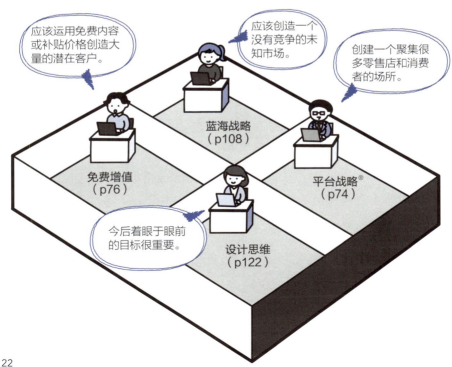

另外，教授开始谈及《精益创业》和《从0到1》这两本书。前者是埃里克·莱斯的著作，他阐述了"创业者首先提出想法，随后快速重复开发、测量、认知这一循环很重要"。后者是彼得·蒂尔的著作，其中提到创立油管（YouTube）、特斯拉（电动汽车）等一流企业的领导者认为，对创业者来说，正确的选择是反常识的。

第1章 经营战略理论概述

信息技术时代的经营战略理论

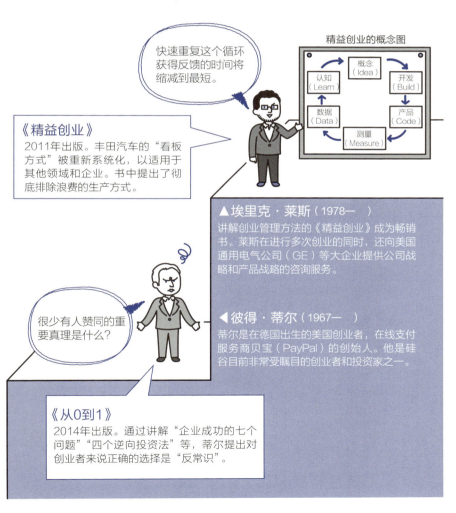

快速重复这个循环获得反馈的时间将缩减到最短。

精益创业的概念图

认知（Learn） 概念（Idea） 开发（Build）
数据（Data） 产品（Code）
测量（Measure）

《精益创业》

2011年出版。丰田汽车的"看板方式"被重新系统化，以适用于其他领域和企业。书中提出了彻底排除浪费的生产方式。

▲埃里克·莱斯（1978— ）

讲解创业管理方法的《精益创业》成为畅销书。莱斯在进行多次创业的同时，还向美国通用电气公司（GE）等大企业提供公司战略和产品战略的咨询服务。

很少有人赞同的重要真理是什么？

◀彼得·蒂尔（1967— ）

蒂尔是在德国出生的美国创业者，在线支付服务商贝宝（PayPal）的创始人。他是硅谷目前非常受瞩目的创业者和投资家之一。

《从0到1》

2014年出版。通过讲解"企业成功的七个问题""四个逆向投资法"等，蒂尔提出对创业者来说正确的选择是"反常识"。

23

专栏一

战略历程概述

亨利·明茨伯格等人在其著作《战略历程》中将众多经营战略理论分为10个学派（流派）。下面对各个学派的概况进行说明。

【第一学派】
设计学派 The Design School

关键词
SWOT 分析。

代表人物
菲利普·塞尔兹尼克、肯尼思·R. 安德鲁斯。

战略概述
最高企业负责人（CEO）担负唯一战略家的责任，提出了"外部可能性与内部能力的匹配"这一概念，奠定了其他学派发展的基础。

【第二学派】
战略计划学派（计划学派）
The Planning School

关键词
增长向量、多元化战略。

代表人物
伊戈尔·安索夫。

战略概述
战略计划由战略策划人执行，重视定量数据，并通过正常流程和分析来制定。此学派是以被称为"战略之父"的安索夫为代表的学派。

【第三学派】
定位学派 The Positioning School

关键词
产品投资组合管理理论（PPM），波特的五力分析模型，波特的三个基本战略、价值链分析模型等。

代表人物
迈克尔·波特等。

战略概述
产业结构决定了战略，战略决定了组织结构。因此，重要的战略就是明确企业在市场中的定位。

【第四学派】
企业家学派 The Entrepreneurial School

关键词
创新、企业家。

代表人物
约瑟夫·熊彼特。

战略概述
战略是存在于领导头脑中以领导经验和直觉为基础的东西。企业家要倾向于采取创新性利基市场战略。

【第五学派】
认知学派 The Cognitive School

关键词
认知心理学。

代表人物
赫伯特·西蒙、格雷戈里·贝特森。

战略概述
应用认知心理学。战略形成是在战略家心中发生的认知过程，它决定对环境变化的反应并以未来的形象出现。

【第六学派】
学习学派 The Learning School

关键词
核心竞争力、组织学习、知识创造。

代表人物
加里·哈默尔、C.K. 普拉哈拉德、彼得·圣吉、野中郁次郎。

战略概述
领导的作用是管理战略学习的过程。集体学习采取创造性的形式，经过行动、回顾、思考，赋予行动新的意义。

【第七学派】
权力学派 The Power School

关键词
政治力、联盟、竞争。

代表人物
格雷厄姆·艾里森、杰弗里·菲佛、杰勒尔德·R. 萨兰基克、R.E. 弗里曼、格雷厄姆·阿斯特利。

战略概述
战略形成需要与组织内部既有权力和组织外部环境中的政治进行交涉。

【第八学派】
文化学派 The Cultural School

关键词
资源、7S。

代表人物
艾瑞克、莱恩曼、理查德·诺曼。

战略概述
战略的形成是基于组织成员共同的信念和理解，基于组织历史形成的集团意识。

【第九学派】
环境学派 The Environmental School

关键词
组织生态学、条件适应。

代表人物
M.T. 汉南和 J. 弗里曼。

战略概述
外部环境决定战略。组织必须应对来自环境的力量。企业的战略是把握环境，组织正确地适应环境。

【第十学派】
结构学派 The Configuration School

关键词
组织遵从战略。

代表人物
阿尔弗雷德·钱德勒、亨利·明茨伯格。

战略概述
涵盖一切学派的思想。组织采用符合环境的结构（具有凝聚力的集团），根据环境的变化发生变革，转变成其他结构。

经营战略
和市场营销

　　经常听人说不理解经营战略和市场营销的区别。经营战略是指公司为了长期获得利润，分配人力、物力、财力、信息的活动。具体来说，经营战略分为总体层战略、业务层战略、职能层战略。总体层战略决定公司应该投入的事业领域。业务层战略决定各业务部门如何与竞争对手进行竞争。另外，职能层战略决定业务部门内部负责研究开发、采购、生产、销售、财务、人事等各部门的活动。

　　市场营销是指寻找公司的目标客户，及为了让客户使用自己公司的产品、服务并感到满意的一切活动。这是职能层战略的一个部门的活动，但因为和其他的研究开发、生产、销售等密切相关，容易和市场营销工作相混淆，但不是市场营销活动。

第 **2** 章

战略制定方法概述

在上周的课上，惠子了解了经营战略的概况。
在今天的课上，她要学习假说思维和逻辑思维
等战略性思考的基础理论。

01 战略性思考理论概述

在经营管理现场经常听到"从战略角度思考"
这样的说法。这具体是指什么样的思考呢?

教授在课堂上强调掌握战略性思考能力的重要性。当惠子问是怎么回事时,教授回答:"我认为这是一种将收集的信息与解决经营课题的有益实践相联系的思考方式。"企业所处的环境不同,信息所拥有的意义也会完全不同。主动思考并分析到手的信息,并以此为基础制定、执行经营战略是很重要的。

结合自己公司所处环境的"思考能力"很重要

在战略性思考中,即使是同样的事实,不同的企业应该执行的任务也不同。反过来说,与执行无关的思考不能说是战略性思考。

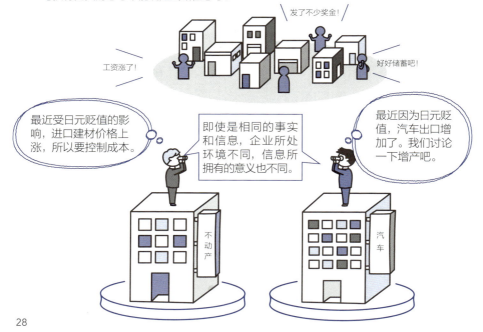

例如，过去半年日元贬值，出口产业和进口产业所采取的对应措施就不同。如果是出口产业，因为预计自己公司产品在国外的价格会下降，销售额会上升，所以要讨论增产问题。如果是进口产业，因为进货价格会上升，国内的销售价格也会变高，所以就变成了讨论限制进货和削减成本等问题了。像这样，对于思考战略的主体公司而言，与具体的执行相关的思考就是战略性思考。

同样的事实对各企业造成的影响不同

即使同样是日元贬值，出口企业和进口企业应该采取的战略完全不同。

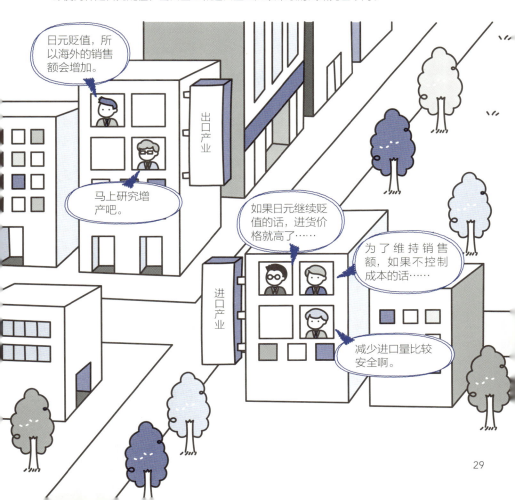

02 首先设立假说

想要收集所有与制定战略相关的信息，需要花费很多时间，要避免这一问题，假说思维很有效。

教授继续讲道："所谓战略性思考是指以信息为基础，推导出与执行相关的经营战略。但是如果想要将相关信息完美地收集起来，无论多少时间都是不够的。因此，为了在短时间内制定战略，假说思维是很必要的。"也就是说，先做出一个假设结论，然后收集能够证实这个假说的数据等。

假说思维的思考方式

在收集和分析信息之前，首先掌握设立假说的"假说思维"的技巧，从而提高解决问题的速度以及工作的准确性。

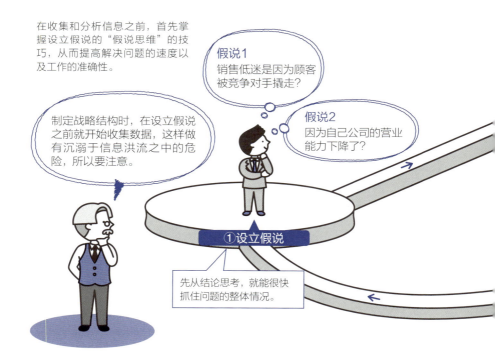

假说1
销售低迷是因为顾客被竞争对手撬走？

假说2
因为自己公司的营业能力下降了？

制定战略结构时，在设立假说之前就开始收集数据，这样做有沉溺于信息洪流之中的危险，所以要注意。

①设立假说

先从结论思考，就能很快抓住问题的整体情况。

教授说："当然，假说也有出错的时候。即使这样，也可以马上构建并验证下一个假说。比起收集所有信息后开始讨论，这样操作可以在短时间内高效地找出解决策略。也就是说，首先进行假说的构建，为了证实这个假说，收集必要的信息并反复进行验证的过程很重要。"

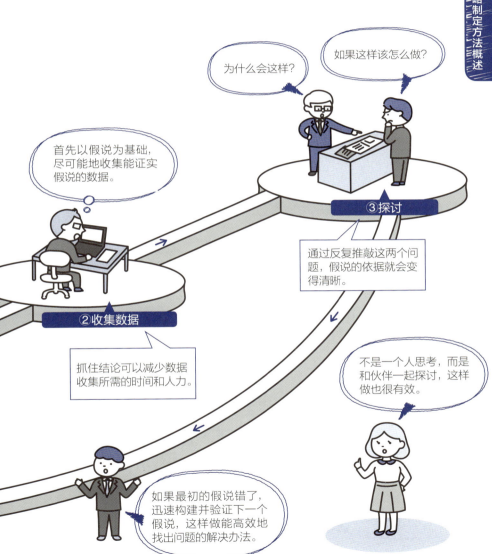

为什么会这样？

如果这样该怎么做？

首先以假说为基础，尽可能地收集能证实假说的数据。

③探讨

通过反复推敲这两个问题，假说的依据就会变得清晰。

②收集数据

抓住结论可以减少数据收集所需的时间和人力。

不是一个人思考，而是和伙伴一起探讨，这样做也很有效。

如果最初的假说错了，迅速构建并验证下一个假说，这样做能高效地找出问题的解决办法。

03 设立假说的方法

在此处讲解的设立假说的方法包括面向初学者的"归纳法"和面向高级别人员的"演绎法"。

接着，教授开始对设立假说时最常用的归纳法、演绎法进行说明。教授说道："以几个事实和信息为基础，从中构建能想到的假说是归纳法。例如，如果有A、B、C三个事实，就可以推导出可能是D的假说。虽然将这个方法推荐给初学者，但因为是从部分推出整体，所以存在结果变成推论的缺点。"

归纳法理论概述

归纳法是通过基于几个前提的预测来推导定律（假说）的方法。因为该方法所统计的是信息，所以具有一定的说服力。但是，即使前提是事实，结论也不一定正确。

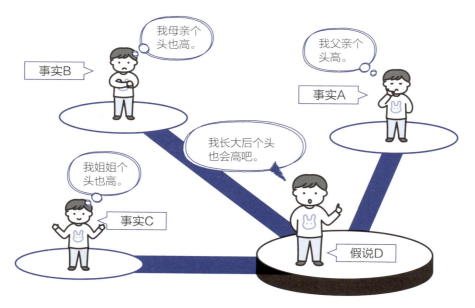

"相对来说，演绎法是因为A所以B，因为B所以C，从而推出假说的方法。因为是验证假说的方法，所以在说服反对意见时很有效，但是如果信息有错误或带有偏见，那结论也会出错。归纳法、演绎法都是在设立假说的基础上，分解可能成为依据的项目，收集能够证明这些假说的数据和事实，通过调查来推导出解决策略和经营战略。"

演绎法的理论概述

演绎法是从前提开始按逻辑顺序推导出结论的方法。因为依次验证假说是否是事实，所以得出的结论有较强的说服力。但是，一旦中间的理论出现破绽，就无法得出正确结论。

04 用逻辑思维证明假说

首先设立假说很重要，但要合乎逻辑地进行说明，之后所需要的就是逻辑思维了。

教授说："构建假说之后，有必要说明这个假说是正确的。"因此，找出"为什么会出现这个假说"的事实和数据等就很有必要。而且，构建假说之后，为了验证这个假说是正确的，逻辑思维就变得很重要。逻辑思维在企业实际工作中，在向公司内外的人进行说明时，也会发挥威力。

逻辑思维（逻辑性思考法）的八个步骤

逻辑思维是将收集的事实、数据和假说结合起来的技术。这种能力不是天生的，是可以通过训练学会的。

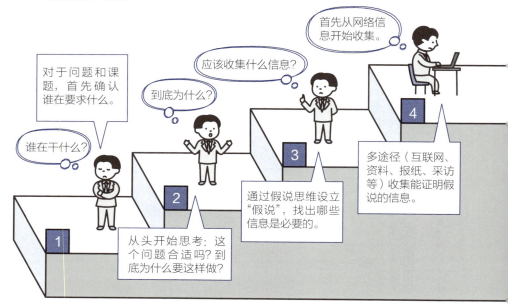

逻辑思维是将想说的话和想表达的东西传达给对方的技术。具有代表性的方法有三种：相互独立、完全穷尽（MECE）、为什么？怎么做？（"Why So？ ／ So What?"）、金字塔结构。逻辑思维无论是为了说明假说是正确的，还是为了整理自己的思考，又或是为了说服周围的人，都是必要的思考方法。

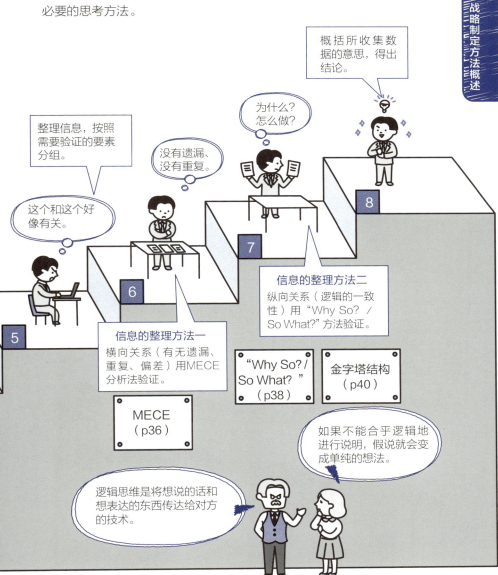

概括所收集数据的意思，得出结论。

为什么？怎么做？

整理信息，按照需要验证的要素分组。

没有遗漏、没有重复。

这个和这个好像有关。

8

7

6

5

信息的整理方法二
纵向关系（逻辑的一致性）用"Why So？ ／ So What?"方法验证。

信息的整理方法一
横向关系（有无遗漏、重复、偏差）用MECE分析法验证。

"Why So?／So What？"（p38）

金字塔结构（p40）

MECE（p36）

如果不能合乎逻辑地进行说明，假说就会变成单纯的想法。

逻辑思维是将想说的话和想表达的东西传达给对方的技术。

05 逻辑思维一 适当地分类

逻辑思维的基本概念 MECE，
意思是"相互独立，完全穷尽"。

逻辑思维的讲解还在继续。MECE是指"相互独立，完全穷尽"的状态。例如，把人分为"男"和"女"，此时称为MECE。但是，即使是同一个人，如果分为"公司职员"和"个体经营者"的话，因为还会有主妇、学生、自由职业者等各种各样的遗漏，所以不能称为MECE。在验证信息时，如果分解后的论点不是MECE状态，就会发生论点的遗漏。

将课题分解为 MECE 的五个步骤

解决问题和制定经营战略的过程，是将大的课题分解成小的论点，找出与执行相关的解决方法的过程。这时，如果分解的论点有遗漏或重复的话，就不能选出最佳的解决方法。

❶罗列
把直觉上想到的东西全部写出来。

❷分组
把❶中罗列的要素按照同类别或组进行分类。

例如，减肥除了手术这个解决方法外，一般认为比起减少摄取卡路里，加大消耗卡路里可能会更好。这种情况下，首先可以将卡路里分为"增加消耗量"和"减少摄取量"。如果选择"增加消耗量"的话，可以分为"运动""提高基础代谢"等，"运动"还可以细分为"游泳""骑自行车"等。通过这种方法得出所有论点，就可以从中选出具体有效的最佳答案了。

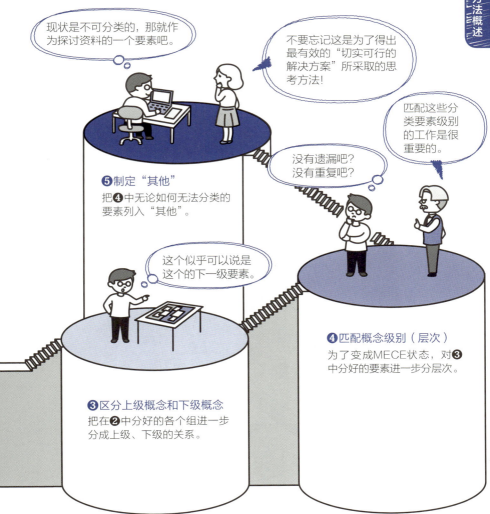

现状是不可分类的，那就作为探讨资料的一个要素吧。

不要忘记这是为了得出最有效的"切实可行的解决方案"所采取的思考方法！

匹配这些分类要素级别的工作是很重要的。

没有遗漏吧？没有重复吧？

❺制定"其他"
把❹中无论如何无法分类的要素列入"其他"。

这个似乎可以说是这个的下一级要素。

❹匹配概念级别（层次）
为了变成MECE状态，对❸中分好的要素进一步分层次。

❸区分上级概念和下级概念
把在❷中分好的各个组进一步分成上级、下级的关系。

06 逻辑思维二 "为什么？/怎么做?"（"Why So?/So What？"）

在工作中得出假说或结论后，有不断巩固逻辑的方法。

教授说处理事情时应该有一个基本立场，那就是如果得出某个假说、结论及其依据，对于结论要自问"为什么（Why So?）"，对于依据要自问"怎么做？（So What?）"。如果根据结论思考"Why So?"就能找到依据。如果通过依据思考"So What?"就会得出结论。两者都成立的情况下，可以说其逻辑是正确的。

"Why So？ / So What？"巩固逻辑

在工作和生活中，通过反复思考"为什么会这样?""如果这样该怎么做?"也可以巩固逻辑。

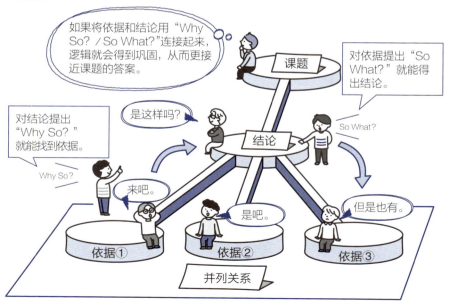

例如得出"开发新商品"的结论时，其依据是"现有商品的销售额下降"。于是，通过反复问自己"Why So?/So What?"，应该会得出这样的结论：打广告、降低价格、增加营业员以及营业员再培训、完善售后服务等。这种思考方法，如果在回顾方案资料时留心的话，也有提高说服力的效果。

从众多结论中找出最优解决方法

在得出某个假说、结论及其依据时，通过反复问自己"Why So？/So What？"就能接近最优解决方法。

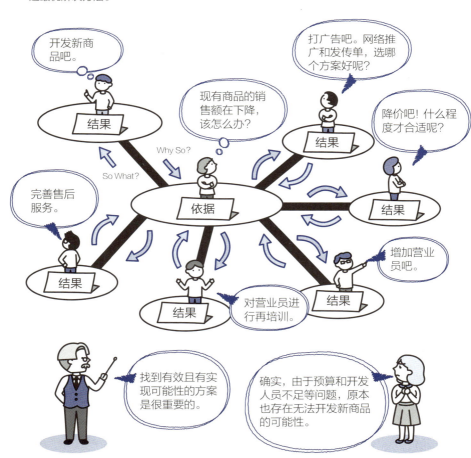

07 逻辑思维三　结构化

如果能在头脑中梳理好观点，向别人说明时就容易多了。
如果能够很好地说明观点，对方的理解度也会提高。

教授进一步梳理逻辑思维，讲解易懂的技术。他说："结合归纳法和演绎法，以自己的主张为顶点，将依据配置成金字塔形状的图称为结构化或**金字塔结构**。首先通过树形结构简单易懂地梳理整体的逻辑构成。这主要用于解决问题时的原因分析。"

金字塔结构的例子

最上面是"最想传达的结论（撒手锏信息）"，下面是"结论的依据（论据）"，再下面是"支撑依据的事实（数据）"，结论和依据、依据和事实分别对应"Why So？／So What?"。如果这二者关系成立的话，可以说其逻辑是正确的。

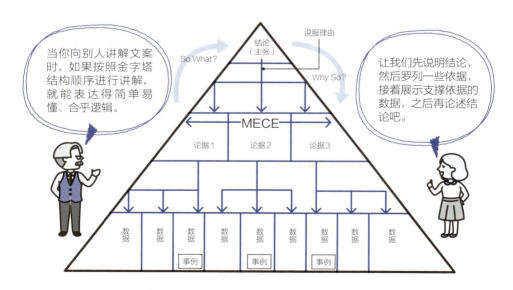

树形结构有并列型和解说型两种模型。并列型是前面介绍的方法，结论下面的依据是并列（MECE）关系，各个依据和结论之间是"Why So?/So What?"的关系。与此相对的解说型，依据由事实、判断标准、判断内容三个部分构成。解说型的说明方法有时会变复杂，所以最初尝试用并列型吧。

"解说型"的金字塔结构

如果用解说型的说明方法进行思考的话，可以按照事实、判断标准、判断内容的顺序推导出一个依据。

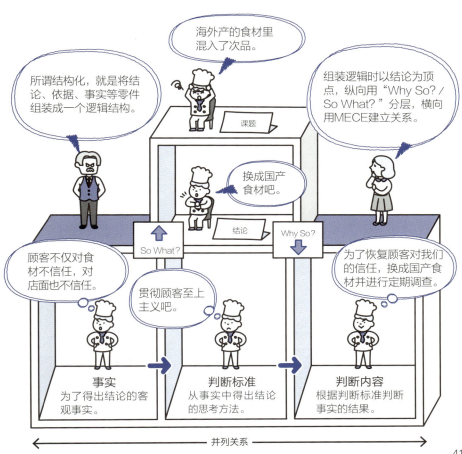

08 推导新想法的三个步骤

从与逻辑思维不同的角度，推导出新想法的方法还有水平思维。

　　教授讲完逻辑思维后说："虽然逻辑思维对于从逻辑上理解和说明事物很重要，但另一方面大家会得出相同结论的这一缺点也被指出。这时候发挥作用的就是水平思维。水平思维是从按照规定框架进行思考的垂直思考中脱离出来，从各种角度进行自由思考，从而得出新想法的方法。"

水平思维的三个步骤

作为不局限于现有框架的思考方法，水平思维在新事业等特别需要新想法的情况下是有效的。

①选择焦点
选择成为思考对象的东西，思考其特征。如果是花，就是"颜色很漂亮""枯萎"等。

②通过水平移动引起差异
从①所选特征中选出一个并加上变化。让其变化的方法有"逆转""替换""结合""强调""清除""分类"。

③思考消除差异的方法
比如让花逆转，就有了"不会枯萎的花=假花"等新的想法。

花很香。

比如逆转的话……花不会枯萎。

不会枯萎的花……假花？

步骤①

步骤②

步骤③

水平思维是英国的爱德华·德·波诺提出的思考方法。科特勒认为，用以前的逻辑性方法很难找到新的机会，因此推荐了这种非逻辑性的思考方法。根据《科特勒营销思维》中所述，水平思维以选择焦点、通过水平移动引发差异（刺激）、思考消除差异的方法（联结）的步骤来执行。

水平思维"六种变化"的例子

例如，在情人节给最爱的人送玫瑰花，如果加上前面提到的"六种变化"，就可以推导出如下模式。

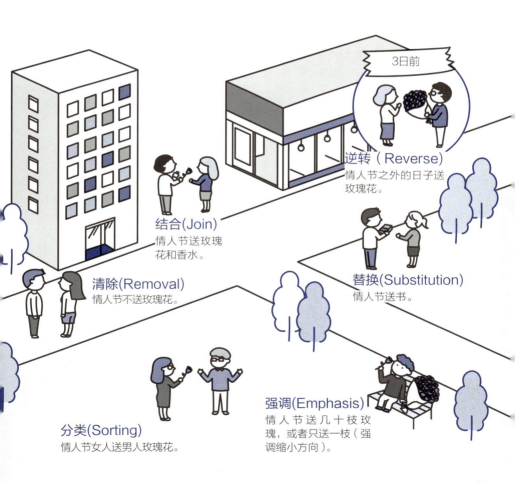

3日前

逆转（Reverse）
情人节之外的日子送玫瑰花。

结合(Join)
情人节送玫瑰花和香水。

替换(Substitution)
情人节送书。

清除(Removal)
情人节不送玫瑰花。

强调(Emphasis)
情人节送几十枝玫瑰，或者只送一枝（强调缩小方向）。

分类(Sorting)
情人节女人送男人玫瑰花。

09 从大到小解决问题

在制定战略的分析中，按照从大到小、从整体到局部的流程进行思考。

今天的课也接近尾声了。教授说："思考经营战略和课题的时候，大家按照从大问题到小问题、从整体到局部的流程进行思考吧。"假设，市场约有1000亿日元，如果能够获得10%的市场份额，销售额将达到100亿日元左右。如果销售额利润率为10%左右，利润将达到10亿日元左右。以这个数字为基础，也有助于决定其他新业务及其优先顺序。

芭芭拉·明托的四个轴心

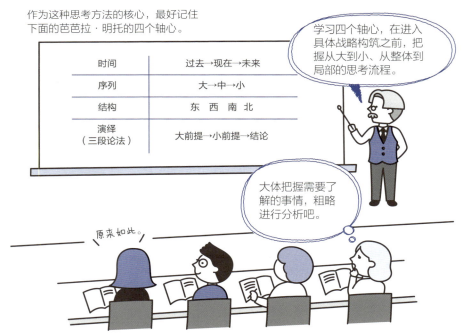

作为这种思考方法的核心，最好记住下面的芭芭拉·明托的四个轴心。

时间	过去→现在→未来
序列	大→中→小
结构	东 西 南 北
演绎（三段论法）	大前提→小前提→结论

学习四个轴心，在进入具体战略构筑之前，把握从大到小、从整体到局部的思考流程。

大体把握需要了解的事情，粗略进行分析吧。

原来如此。

教授继续讲解："另外，作为找出原因的方法，要养成因数分解的习惯。例如，在研究销售额上升的主要原因时，应用销售额＝单价×顾客数×重复次数的方法，这样就可以将销售额按照每个因素进行分解，通过考虑解决方案的可行性和对整体影响的大小，从而推导出应该优先采纳的有效解决方案。"

为了找出原因的"因数分解"的例子

例如，分析日本开展的零售业销售额下降的主要原因时，如果进行如下思考，就会明确应该讨论的项目。

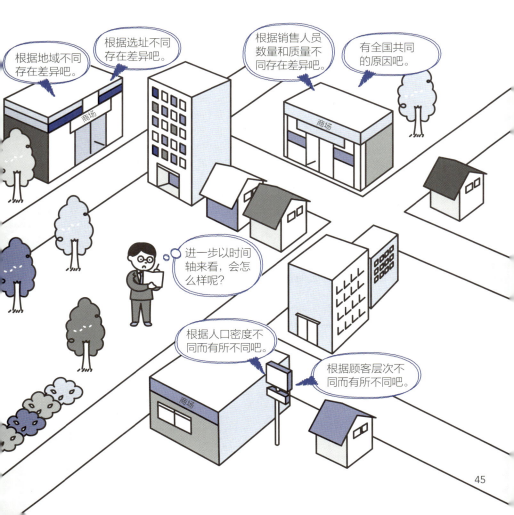

整理信息的
框架

　　要制定经营战略，整理信息是必要的。为了整理信息，便利的结构被称为框架。如果比喻的话，这就是解数学题时使用的公式。

　　从战略顾问提出的方法，到日常广为人知的构思，框架包含各种各样的内容。

　　举个例子，分析自己公司现状时产生作用的是SWOT分析和3C分析，想要整理与业界整体环境相关的信息时产生作用的是PEST分析等。

　　只是，如果大家都用相同的框架进行思考，结局会是所有企业都采用相同战略。因此，重新构建适合自己公司的框架是很重要的。

　　另外，从所整理的信息中学习新知识也很重要。把各个框架中受到启发的战略方案进行组合，构建最适合自己公司状况的战略方案是很重要的。

消除成见的
零基础思考

　　想要解决某个课题中的问题时，有时会陷入思考的沼泽，怎么挣扎也摆脱不掉。

　　这种时候，有效的方法是零基础思考。这是一种不拘泥于已有的经验、知识、常识、习惯等，抛开这些概念，从零的状态去抓住事物本质，并且不带成见的思考方法。

　　零基础思考的诀窍是追溯到课题设定本身的恰当性来思考"究竟为什么是这个课题"。例如，如果有"为了销售滞销商品A该怎么办"这样的课题，可以试着思考前一个阶段"到底为什么要发售商品A"等。于是，就会碰到"原本作为目标的市场整体缩小了"这样的假说。

　　这种情况下可以发现，原本设定的课题错了。人们在进行讨论的过程中，经常会不知不觉地讨论起其他课题。养成经常思考"为什么是这个课题"的习惯很重要。

专栏五

向 ZARA
学习商业模式

商业模式是指"赚钱的机制"。例如，人气时尚品牌飒拉（ZARA）引进的是从生产到销售一气呵成，通过信息技术管理一系列工序来消除浪费的被称为"SPA模式（Specialty Retailer of Private Label Apparel）"的商业模式。不仅如此，ZARA通过自己的物流快速发布新产品，并且减少了库存风险。

另外，ZARA只制作一定数量的相同商品，如果销售完就不会再次销售同样的商品。取而代之的是迅速把引进流行设计的产品商品化，从企划开始只需2~3周就可以销售。ZARA几乎不做广告，店铺本身就是广告。

ZARA的商品提高了稀有价值，即"现在不在这里买的话，可能商品会卖完"。同时，ZARA也实现了把追求稀有价值商品的客人作为回头客的目标。

第 **3** 章

制定战略前的
准备工作

在大学课堂上学习了经营战略概要的
惠子想听听参与实际经营的人员的言
论，于是她拜访了经营公司的叔叔。

01 首先掌握自己公司的现状

通过分析公司的内部环境和外部环境，掌握
自己公司所处的位置，从而制定有效的战略。

听了教授的课，想听听更实际的言论的惠子去见了经营公司的叔叔。叔叔说："要制定战略，正确把握自己公司所处的现状是很重要的。"企业不同，应该探讨的点也不同，影响因素包括汇率、原材料价格高涨及法律修订等。影响战略的要素很多。此外，现状分析的方法大致分为外部分析和内部分析。

外部分析和内部分析的框架

进行外部分析和内部分析时有效的框架包括用于外部分析的PEST分析，用于外部、内部两方面分析的SWOT分析、3C分析，用于内部分析的VRIO分析等。

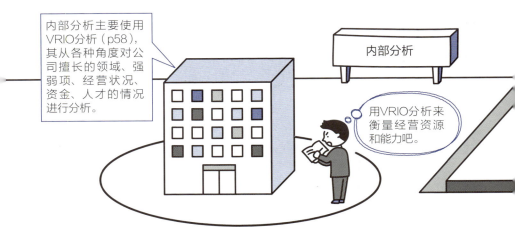

内部分析主要使用VRIO分析（p58），其从各种角度对公司擅长的领域、强弱项、经营状况、资金、人才的情况进行分析。

内部分析

用VRIO分析来衡量经营资源和能力吧。

外部分析是指关于影响公司事业的外部因素的分析，考虑人口、政治、经济、环境、技术、文化等宏观环境和市场动向等微观环境。内部分析是指对营业能力和商品开发能力等方面，有关自己公司的强项、弱项、资金人才等公司内部因素进行分析。进行分析时，企业负责人有必要先思考该因素是否经常对自己公司的战略产生影响，然后再进行讨论。

分析外部和内部环境，从中找出本公司成功的要点（Key Success Factor，缩写为KSF）是很重要的。

分析社会变化对公司经营的影响吧。

外部分析

SWOT分析（p54）和3C分析（p56）用于内部环境和外部环境两方面的分析。

从内部和外部两方面的分析来了解自己公司的强项、弱项和环境变化吧。

外部分析主要使用PEST分析（p52），对世界整体变化（宏观环境）和市场动向以及企业周边变化（微观环境）等进行分析。

02 分析外部宏观环境

世界整体变化（宏观环境）会影响公司的经营
状况。通过分析社会变化，能够预测公司未来。

　　惠子的叔叔开始讲解PEST分析："PEST分析是从四个切入点来分
析企业外部宏观环境的方法。P指政治，E指经济，S指社会，T指技术。
此外，也有将自然和能源等环境方面的E（Ecology）从社会中分开进行
PESTE分析的情况。在分析四个切入点的时候，不仅要预测现状，还要预
测到3~5年后。

PEST分析理论概述

　　要获得事业成功，有必要把握时代潮流。为此，有效的框架是PEST分析。

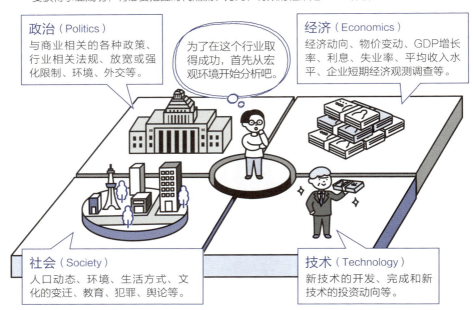

政治（Politics）
与商业相关的各种政策、
行业相关法规、放宽或强
化限制、环境、外交等。

为了在这个行业取
得成功，首先从宏
观环境开始分析吧。

经济（Economics）
经济动向、物价变动、GDP增长
率、利息、失业率、平均收入水
平、企业短期经济观测调查等。

社会（Society）
人口动态、环境、生活方式、文
化的变迁、教育、犯罪、舆论等。

技术（Technology）
新技术的开发、完成和新
技术的投资动向等。

在PEST分析中，特别是人口动态，只要移民政策没有大幅度变化，出生率、死亡率没有戏剧性变化，就是最容易预测的项目。另外，特别是在探讨海外发展的时候，调查平均收入水平的变化，据说能够有效预测下次什么样的商品会畅销。从这些环境变化中，通过分析业界成功因素的变化，可以看出下一步的战略。

PEST分析的风险评估图

在进行PEST分析时，如果制作了以下风险评估图，就能分析出首先应该处理的课题。

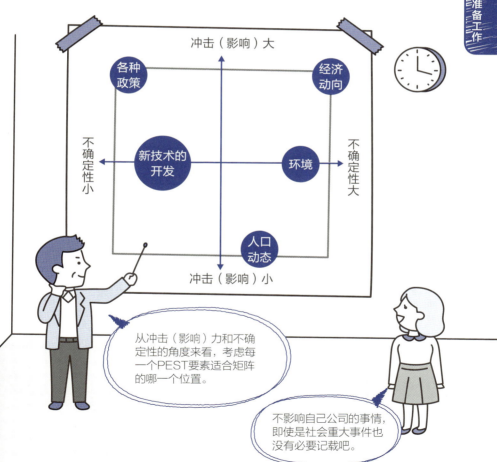

冲击（影响）大

各种政策

经济动向

不确定性小

新技术的开发

环境

不确定性大

人口动态

冲击（影响）小

从冲击（影响）力和不确定性的角度来看，考虑每一个PEST要素适合矩阵的哪一个位置。

不影响自己公司的事情，即使是社会重大事件也没有必要记载吧。

03 从四个要素掌握公司现状

框架中包含掌握自己公司现状，还能灵活应用于战略制定的东西。

惠子的叔叔继续解释："SWOT分析是围绕企业内部环境和外部环境进行分析的方法。首先，制作一个写有强项、弱项、机会、威胁的框架，在机会和威胁的框架内，记录从自己公司业务来看，能够成为机会或危机的市场和社会环境的变化。其次，记录自己公司的强项和弱项，考虑并书写如何优于其他公司的策略。"

SWOT分析理论概述

SWOT分析是从自己公司的强项和弱项，外部的机会和威胁四个角度来思考自己公司战略的方法。关于机会和威胁，预测写到2～3年后是很重要的。

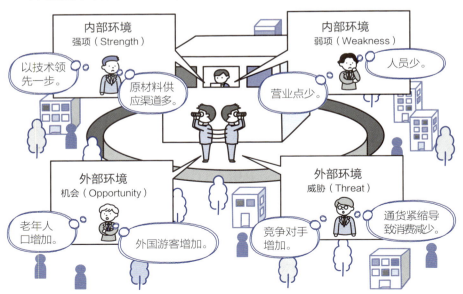

这个分析中重要的是，公司决定如何应对SWOT分析中出现的各个现象。接下来进行的是交叉SWOT分析。我们把SWOT分析推导出来的四个因素相乘，"机会×强项""机会×弱项""威胁×强项""威胁×弱项"，然后进行思考，就会得出自己公司的现状分析以及应该执行的战略。

交叉SWOT分析的例子

将SWOT分析推导出来的四个因素相乘并且进行思考的方法便是交叉SWOT分析。交叉SWOT分析不是以公司为单位，而是在每个业务的威胁和机会不同的情况下，根据每个业务的实际情况来完成战略制定。以下是餐厅的例子。

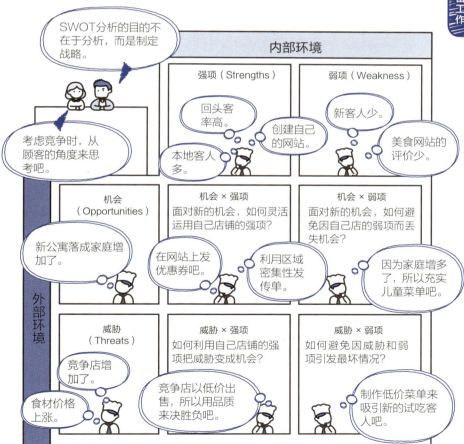

04 从三个视角分析自己公司现状

在分析自己公司现状的时候，很多企业使用的是被称为"3C 分析"的框架。

惠子问叔叔如何分析自己公司的现状，叔叔回答："使用3C分析这个框架，要从市场（顾客）、竞争、自己公司这三个视角进行分析。对市场（顾客）和竞争的分析是外部分析，对自己公司的分析是内部分析，要按照市场（顾客）、竞争、自己公司的顺序从外到内进行分析。"另外，考虑到与其他公司的同盟关系，3C分析中有时也会加入合作公司这个要素设定为4C。

3C 分析的含义

在3C分析中，从市场（顾客）、竞争、自己公司三个视角来分析自己公司的现状。以下是某企业进入罐装咖啡市场时使用3C分析的情景。

主要顾客层是20~30岁的商务人士。

需求是工作间隙的休息。

用微糖保持健康。

市场（顾客，Customer）
分析该业务的市场规模，市场增长，购买决策人，影响购买行为的主要因素（价格、品质、设计、品牌）等，掌握顾客类型。

顾客

叔叔继续讲解："首先，从市场（顾客）的角度来掌握自己公司业务中有什么样的潜在客户。其次，从竞争的角度分析自己公司业务中的竞争对手。在此基础上，从自己公司的角度分析公司的强项和弱项、现在的战略和业绩、有无经营资源。我一边看分析结果，一边思考成功市场的要素发生了什么样的变化。"

竞争者（Competitor）

分析该行业的竞争者数量，参与壁垒的高低，其他公司的强项和弱项，其他公司的战略和业绩（销售额、盈利能力、市场份额等），经营资源（生产能力、人才）等。

现状是A公司和B公司市场份额占了6成，处于垄断状态。排名第3位的是C公司和D公司。

A公司的强项是味道，弱项是设计。B公司的强项是拥有根深蒂固的粉丝，弱项是年轻人购买力弱。

A公司的强项是在电视广告中具有超高知名度。B公司的强项是高级感。

竞争者

除了3C之外，考虑到与其他公司的同盟关系，有时也会出现加入合作公司（Cooperator）设为4C的情况。

本公司的强项是在咖啡连锁经营中培养出的品牌力和知名度。弱项是零售市场所占份额小。

市场占有率最高的A公司、B公司都能招徕弱势的20～34岁年龄层的男女顾客。

自己公司

自己公司（Company）

以从市场（顾客）、竞争分析中了解到的信息为基础，分析自己公司现在所采取的战略。

开展大规模的广告宣传活动对扩大知名度和品牌推广是否有效？

57

05 经营资源及其灵活运用能力的评估

要制定战略，必须掌握自己公司拥有什么样的经营资源。那如何做才能知道呢？

　　惠子问叔叔怎样评估自己公司的经营资源和能力。叔叔回答："我使用的是企业内部条件分析框架（VRIO分析）。这是基于经营资源创造竞争优势这一想法，由管理学家杰恩·B.巴尼提出来的，从价值性、稀缺性、不易复制性、组织性四个切入点来分析企业，探索企业拥有怎样的经营资源，以及是否具有灵活运用的能力。"

VRIO 分析的含义

VRIO分析是基于"经营资源创造竞争优势"这一资源基础理论的想法而设计出来的框架。

价值性（Value）
在顾客看来，自己公司的产品、服务、经营资源有多大价值？

对顾客来说，我们公司的价值是多少？

稀缺性（Rarity）
自己公司的产品、服务、经营资源有稀缺价值吗？

是否有拥有同样技术和经营资源的公司呢？

"VRIO分析中，特别重要的是难以模仿性。如果这四个切入点全部满足，就能够得出竞争优势可以持续保持的结论。特别是其他公司无法模仿这一点，是考虑竞争优势时最重要的因素。"另外，分别对价值链分析模型（p98）和7S（p172）等进行VRIO分析的话，就能够掌握企业的强项和弱项，这样就容易制定战略了。

为了持续保持竞争优势，试着从如何强化不足之处这一视角来考虑吧。

除了研究开发和销售等体制外，也要验证人事评价制度等规则。

在成本方面和技术方面，有被其他公司模仿的可能性吗？

组织性（Organization）
是否有能够好好利用经营资源的组织？

难以模仿性（Imitability）
自己公司的产品、服务、经营资源是否容易被其他公司模仿？

取四个切入点的第一个字母就是"VRIO"吧。

06 分析自己公司的优势

为了战胜其他企业，似乎也有在自己公司的优势
中灵活运用压倒性优势的做法。

　　惠子问叔叔为了不输给其他企业应该怎么做。叔叔回答："有一个概念
叫**核心竞争力**，也就是企业拥有压倒性的优势。这是指能发挥自己公司核心
力量或具有优势的经营资源，如果满足难以模仿性、迁移可能性、不可替代
性、稀缺性、耐久性这五个要素，就认为企业具备核心竞争力。"

辨别核心竞争力的五个视角

核心竞争力是由伦敦商学院的客座教授加里·哈默尔（p20）和
密歇根大学商学院的C.K.普拉哈拉德教授（p20）二人提出的概
念。该概念主要从以下五个要素来辨别。

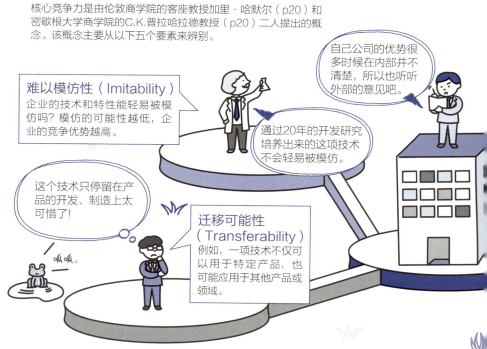

叔叔继续说道："举个例子，像耐克（NIKE）使用名人进行广告宣传而培养起来的品牌，丰田的看板方式（p124）等。除此之外，技术开发能力、整个组织所拥有的共同价值观等也可以说是核心竞争力。但是，成为优势的要素是否有效，与市场环境和时代的变化有关。即使确定的东西也有可能马上过时，所以经常重新评估是很重要的。"

不可替代性（Substitutability）
企业的技术、特性、产品或者业务本身是否是其他东西无法替代、独一无二的。

外观和性能感觉都一样，选哪一个好呢？

有必要从各个视角分析企业的优势。

稀缺性（Scarcity）
企业的技术、特性、产品是否是难以入手的稀奇之物？有多少稀有价值呢？

模仿可能性和替代可能性低才能提高产品的稀缺性。

花了20年培养出来的品牌是不会被轻易动摇的。

现在是核心竞争力，未必将来也是，所以培养新的核心竞争力也很重要。

耐久性（Durability）
特定的技术、特性或业务优势能否长期保持市场的竞争优势？

专栏六

企业社会责任（CSR）
和创造共同价值（CSV）

　　哈佛商学院教授迈克尔·波特认为，迄今企业的CSR（企业社会责任，Corporate Social Responsibility）活动没有对社会产生很大影响。另外，考虑到CSR应该是与公司战略密切相关的东西，因此称为战略CSR。现在，人们称为CSV（创造共同价值，Creating Shared Value）。

　　例如，装入塑料瓶里的水这一商品每卖一次都进行捐赠的企业活动就是CSR，但是用环保材料的容器出售水的企业活动就是CSV。现在已经进入顾客和客户对有社会价值的企业进行评价的时代。以这些事实和变化为背景，如今CSV受到了关注。另外，CSV比产品和生产过程的竞争更加难以模仿，从而给企业带来了竞争优势。

　　为了创建CSV，波特提出了三种方法：重新评估产品和市场、重新定义自己公司价值链的生产率、支持企业所在地区的产业集群的创建。

逆向创新

迄今为止，人们普遍认为创新产生于发达国家，随后传播至全世界。但是近年来，产生于发展中国家的创新在发达国家也逐渐普及的这种相反的现象引起了人们的关注。这就是"逆向创新"。

GE（通用电气）公司在印度开发的，现在传播至全世界的心电图描记器就是其中一个例子。当初，GE公司在印度市场发售了在发达国家热销的高性能心电图描记器，但完全不好卖。因此，GE公司在印度开发了一款降低心电图描记器性能，改为便携式的耗电量少、能简单使用的心电图描记器。如此一来，此商品不仅在印度市场热销，在发达国家也大受欢迎。

提出逆向创新的达特茅斯大学的维杰伊·戈文达拉扬教授认为，要产生这种逆向创新，就要着眼于性能、基础设施、可持续性、监管、喜好这五大差异。

何为可持续
发展目标？

　　可持续发展目标（Sustainable Development Goals，缩写为SDGs）是2015年从被称为人类历史上对贫困治理取得最大成效的全球MDGs（千年发展目标）继承下来的新议程。在联合国总部，包括日本在内的193个会员国达成协议，制定了17个旨在改变世界的目标，并表彰做出突出贡献的企业和团体。

　　会议提出了消灭贫穷、消除饥饿、给所有人带来健康和福利、为大家提供优质教育等具体目标。此外，会议还制定了详细的目标。例如，消除贫穷；到2030年，消除所有地区的极度贫困，即目前居民每天生活费不足1.25美元等情况。完成这些目标的截止日期定为2030年，世界各国正在实施SDGs。在日本，以大企业为中心从事SDGs的公司数量也在增加。

第 **4** 章

发展战略理论概述
（总体层战略和发展战略）

正在考虑未来创业的惠子从
与伙伴一起初创企业的千里
那里获取关于创业的建议。

首先设定企业发展领域

经营战略基本上要按照总体层战略—业务层战略—职能层战略的顺序制定。制定总体层战略的必要条件是什么呢?

惠子问千里:"在制定经营战略时,首先应该做什么?"千里回答:"第一步是制定总体层战略,因此最重要的是设定**企业发展领域**。以电器制造商为例,企业不同,家用电器、工厂等电器设备以及主要经营的企业发展领域也会有所不同。首先找出公司的企业发展领域吧。"

企业发展领域的例子

在设定企业发展领域时,重要的是发挥自己公司最大的优势,找到将来也有望发展的领域,然后集中投入资源。

企业发展领域的例子

	企业名称	企业发展领域
服务	日本电气(NEC)	电脑&交流(C&C)
	工合(GungHo)公司	以游戏为核心的服务业务
顾客	乐天	电子商务、电子书、金融
	欧力士	金融机构无法提供的服务
产品、技术	可果美	以番茄为核心的业务
	佳能	以光学技术为核心的业务
功能	惠普	解决方案服务
	电通	综合沟通服务

事业领域太窄也不好。从多角度出发是很重要的。

这样啊。

千里继续讲："要找到最合适的领域，多角度分析企业很有必要。要从以下三个切入点来制定战略，即针对谁开展业务（顾客），灵活应用什么样的技术（产品、技术），向顾客提供什么样的产品功能（功能）。"企业是瞄准未来有可能发展的新兴市场，还是将新的商业模式引入成熟产业，其所采取的战略各不相同。

三个切入点很重要

设定企业发展领域从三个切入点来思考吧。另外，时机也很重要。企业太早进入该领域，市场不存在；相反，太晚进入就落后了。

02 资金分配的两种方法

能够投入企业的资源（资金）很有限，在多个业务中如何更有效地分配资金呢？

接下来，惠子就资金的分配方法咨询了千里。千里说："作为多元化企业的资金分配框架，BCG提出产品组合管理（PPM）。BCG从市场占有率和市场增长率的视角将企业业务单位分为明星型、现金牛型、问题型、瘦狗型四类。将从现金牛型业务中获得的资金用于维持明星型业务和投入今后有望成长的发展类业务。"

PPM（产品组合管理）的概述

PPM是开展多项事业的企业在决定如何分配企业资金时使用的经营理论，纵轴设为"市场增长率"、横轴设为"市场占有率"，将业务分为以下四类。

①明星型业务（Star）
市场增长率和市场占有率都高的业务（虽然销售额增加了，但因前期投资多，所以利润少）。

③问题型业务（Question Marks）
市场增长率高，但是市场占有率低的业务（市场增长率高的时候，以明星产品为目标前期投资很必要）。

即使被认定为瘦狗型业务和问题型业务，有时也是维持明星型业务和现金牛型业务的市场份额所必要的业务，所以企业无法判断是否立即撤退。

市场增长率
高
低
高
低
市场占有率

②现金牛型业务（Cash Cow）
市场增长率低但市场占有率高的业务（称霸市场，而且先行投资减少，所以盈利能力强）。

④瘦狗型业务（Dogs）
市场增长率和市场占有率都低的业务（市场增长率低，所以挽回市场份额的机会少，已注定失败）。

瘦狗型业务好可怜呀……

"像这样将企业发展领域通过市场增长率和市场占有率两个维度分为四个象限的方法非常简单易懂，但是也有评论认为，它作为公司战略过于简单。因此，为了能比PPM更细致地探讨资金分配，人们开发了经营分析矩阵。但是，这个方法和PPM相反，评估方法太过复杂，所以实际上并不太普及。"

GE 经营分析矩阵（Business Screen）

为了能比PPM更细致地探讨资金分配，GE（通用电气）公司和麦肯锡公司共同开发了经营分析矩阵。

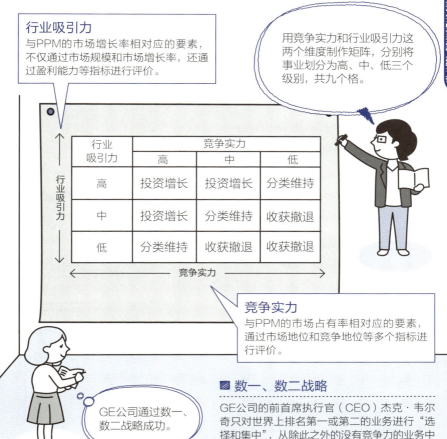

行业吸引力
与PPM的市场增长率相对应的要素，不仅通过市场规模和市场增长率，还通过盈利能力等指标进行评价。

用竞争实力和行业吸引力这两个维度制作矩阵，分别将事业划分为高、中、低三个级别，共九个格。

行业 吸引力	竞争实力		
	高	中	低
高	投资增长	投资增长	分类维持
中	投资增长	分类维持	收获撤退
低	分类维持	收获撤退	收获撤退

（纵轴：行业吸引力；横轴：竞争实力）

竞争实力
与PPM的市场占有率相对应的要素，通过市场地位和竞争地位等多个指标进行评价。

GE公司通过数一、数二战略成功。

◼ 数一、数二战略

GE公司的前首席执行官（CEO）杰克·韦尔奇只对世界上排名第一或第二的业务进行"选择和集中"，从除此之外的没有竞争力的业务中撤退。杰克·韦尔奇因这一战略取得了成功。

03 增长和分散风险的战略

为了企业的稳定增长，"分散风险"不可缺少。那么通过什么样的战略能够实现风险分散呢?

　　千里认为，为了分散经营上的风险，重要的是采用 **多元化战略**。他说："通过将业务多元化，既能确保新的收入来源，又能确保多个利润来源，从而实现风险分散。特别是如果处于主要业务的延长线，又可以预期协同效应的业务，那就有充分探讨风险分散的余地。在资金和人才不足的情况下，也可以考虑企业收购和业务合作。"

多元化战略的四种类型

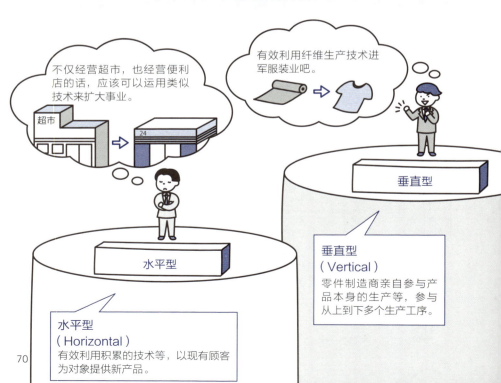

不仅经营超市，也经营便利店的话，应该可以运用类似技术来扩大事业。

超市

有效利用纤维生产技术进军服装业吧。

垂直型

垂直型
（Vertical）
零件制造商亲自参与产品本身的生产等，参与从上到下多个生产工序。

水平型

水平型
（Horizontal）
有效利用积累的技术等，以现有顾客为对象提供新产品。

另一方面，关于多元化战略的风险增大，千里也指出来了："20世纪80年代，泡沫经济时期的日本，很多企业参与了度假村开发、高尔夫球场经营等与主业无关的业务而失败。在参与现有技术无法应对的新业务时，需要特别注意。为了避免这样的风险，企业应该明确自己的发展领域和经营理念，并在其框架内探讨多元化战略。"

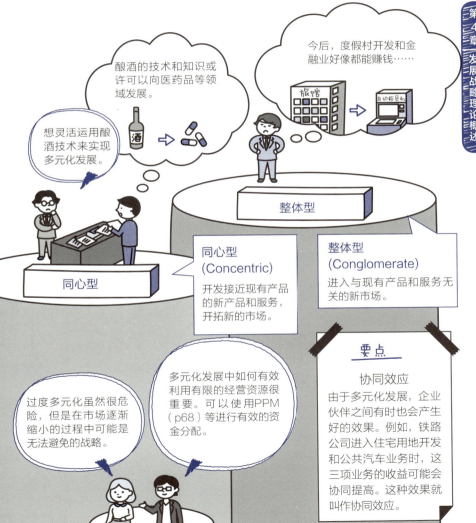

想灵活运用酿酒技术来实现多元化发展。

酿酒的技术和知识或许可以向医药品等领域发展。

今后，度假村开发和金融业好像都能赚钱……

整体型

同心型

同心型 (Concentric)
开发接近现有产品的新产品和服务，开拓新的市场。

整体型 (Conglomerate)
进入与现有产品和服务无关的新市场。

过度多元化虽然很危险，但是在市场逐渐缩小的过程中可能是无法避免的战略。

多元化发展中如何有效利用有限的经营资源很重要。可以使用PPM（p68）等进行有效的资金分配。

要点

协同效应

由于多元化发展，企业伙伴之间有时也会产生好的效果。例如，铁路公司进入住宅用地开发和公共汽车业务时，这三项业务的收益可能会协同提高。这种效果就叫作协同效应。

04 扩大发展领域的分析方法

为了扩大事业、发展企业，有必要从产品（服务）和市场两个方面推敲经营战略。

　　惠子问："有没有像PPM这种对扩大事业、发展战略的讨论有帮助的方法？"千里介绍了被称为"经营战略之父"的管理学家伊戈尔·安索夫的**产品/市场矩阵**。"这是在扩大发展领域时，根据产品（服务）和市场，分别使用现有产品以及新品而区分显示出的四种发展战略。"

产品 / 市场矩阵的理论概述

安索夫的产品/市场矩阵是用"开发新产品还是保持现有产品"（产品）以及"是在现有市场中竞争，还是进入新市场"（市场）这两个维度思考扩大事业的方法。

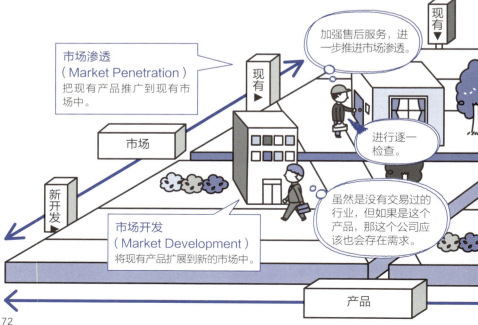

千里继续说："将现有产品推广到现有市场的市场渗透战略风险低，与其说是扩大，倒不如说是事业强化。而产品延伸、市场开发作为发展战略处于中间位置，将新产品扩展到新市场的多元化经营，也包含进入不同行业的可能性，是最具挑战性的战略。但是如果成功的话，可以获得最大的发展。"

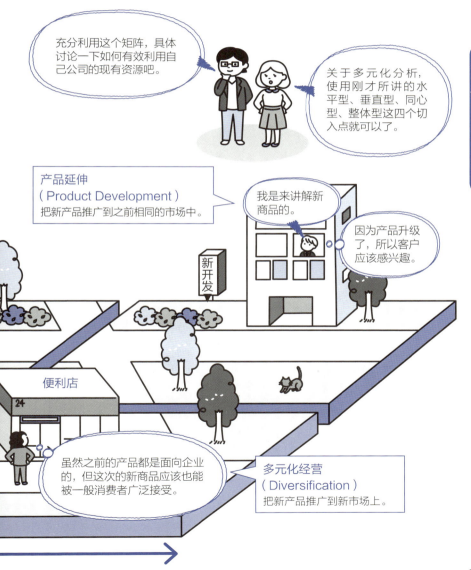

05 乐天建立的经济圈

亚马逊、乐天等快速发展起来的网络公司是通过什么样的经营战略取胜的呢?

千里以乐天为例，向惠子讲解平台战略®，该战略作为21世纪的经营战略而受到广泛关注："乐天原本不生产或出售产品。其业务是进行乐天市场'场所=平台'的管理运营。全国的中小零售店支付手续费，在网络上的虚拟市场开店。想要购买商品的用户注册会员登录购买。"

乐天成功的两个理由

▲降低开店费用
以前网络市场的开店费用很高，规模小的零售店很难开店。乐天破例降低了费用，所以店面急剧增加。

▲制作了由店铺方更新商品信息的系统
此前向网站上传信息是市场方的事情，所以反映起来很费时间。因此，乐天培养店铺方本身，让店铺方能够自己更新商品信息。

乐天向店铺方提供了网络销售的系统和技巧，为会员构建了像货币一样可以储蓄使用的积分系统。此外，还吸引会员进入自己公司的金融业务，如乐天卡等，获得了很高收益。除此之外，还有保险、旅行、通信等广泛覆盖生活场景的服务，乐天这个平台好像形成了一个"经济圈"。

乐天的平台战略®

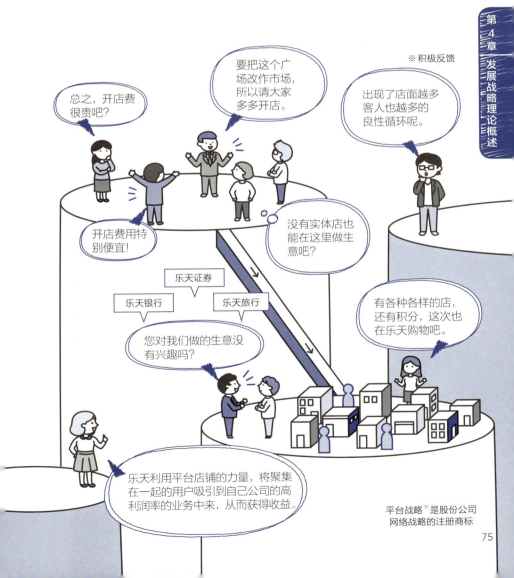

平台战略®是股份公司网络战略的注册商标

75

06 DeNA 公司免费游戏的盈利模式

智能手机的游戏应用程序 App 可以免费下载来玩，那为什么要花费电视广告等巨额广告费呢?

惠子不知道提供免费游戏的公司如何盈利。千里向她解释："美国风险投资家弗雷德·威尔逊提出了免费增值的商业战略。这是由免费和增值合并而来的新词。免费分发少量试用品，促使购买大量产品的商业方法以前就有。但是，数码产品免费和收费的比例发生逆转，这一点是重点。"

因互联网技术发展的免费增值服务

以前的试吃和免费样品等也是免费增值服务的一部分。 但是，随着信息技术的发展，免费增值战略也发生了变化。

● 以前的免费增值服务

香水

免费!

付费90%

以前的免费样品是为了促销而分发的化妆品和饮料的样品，但是因为要产生实际费用，所以厂家想用少量样品来吸引消费者，从而产生更多的需求。

● 数码产品的免费增值服务

游戏

免费!

付费10%

因为数码产品的复制成本极低，通过发送大量免费样品，只要其中10%左右的人有偿加入，那么90%的人即使免费使用，整体上也能获利。

"在免费发放时充分利用信息技术，吸引大量顾客。而且，因为有极少一部分用户使用有偿服务，所以整体上也会获得利润。免费增值服务是一种有偿使用的顾客即使只有百分之几也能获利的商业模式。DeNA提供了游戏中可以收费使用的项目，但是其数据是以极低成本制造、流通、销售的商品，所以企业可以获得足够的利润。"

免费游戏的赚钱机制

免费游戏因为是数字内容，所以和真实产品不同，几乎不需要复制成本。因此，即使9成的用户免费使用也能获利。

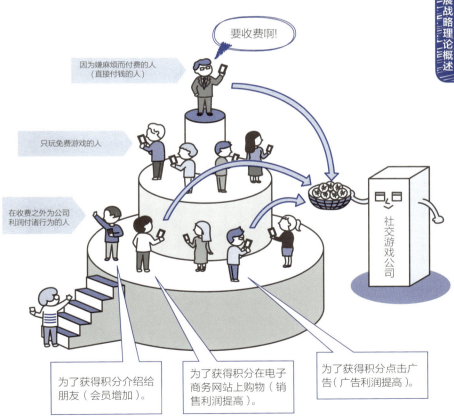

07 应对环境变化的适应性战略

即使是反复研究才制定的经营战略，如果环境发生变化，就要重新进行评估，那就有必要快速应对，此为适应性战略。

　　"对于经营环境的急剧变化，企业该如何应对呢？"面对这样问的惠子，千里回答说："BCG将环境变化的特征分为四类：缓慢重复上下变化的循环、临时变化又恢复原状的临时型、慢慢变化过渡、突然变化后无法恢复原状的跳转。预测这些变化，并评估自己能否改变环境来选择经营战略。"

BCG所倡导的环境变化的四种类型

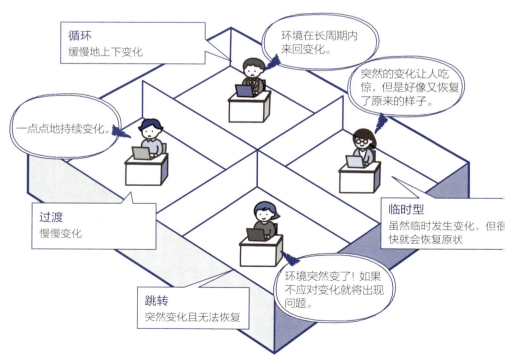

BCG提出，在难以预测变化、无法通过自己公司来改变环境的情况下，企业应采用适应性战略，快速重建自己公司的优势。因此，有必要从平时就开始不断地进行经营方面的实验，采用更新更好的方法等，作为企业整体预先学习持续适应环境变化的能力。

适应环境变化的三个维度和五种类型

作为应对环境变化的经营战略，BCG以"变化的预测""自行改变环境的可能性""环境的残酷性"这三个维度为基础分了五种类型。

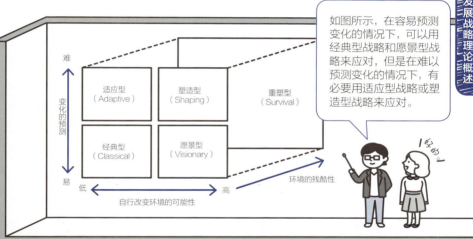

如图所示，在容易预测变化的情况下，可以用经典型战略和愿景型战略来应对，但是在难以预测变化的情况下，有必要用适应型战略或塑造型战略来应对。

要采用适应型战略，BCG提出右边的五种能力很有必要。

①尝试错误的学习能力：迅速进行实验，学习更新更好的方法。
②信号探测应对能力：迅速发现变化的信号。
③组织发展能力：作为组织的学习能力。
④与多家企业建立生态系统的能力。
⑤生态社会适应能力：使商务模式在短期、长期内持续适应变化。

08 弱者生存理论概述

目前，"兰彻斯特战略"仍在中小企业使用。
弱者挑战强者，为了取胜的经营战略是怎样的呢？

"听说有一种适用于经营的军事作战战略？"对于惠子的疑问，千里回答道："在日本，兰彻斯特战略非常有名。"弗雷德里克·兰彻斯特发现了战斗时的法则，其中"攻击力=兵力的二次方×武器性能"。这一使用近代兵器的广域战法则，在第二次世界大战中被美军应用于军事作战，取得了巨大的成功。

兰彻斯特的第一法则和第二法则

兰彻斯特发现了两条法则，其显示了战斗时的力量关系。

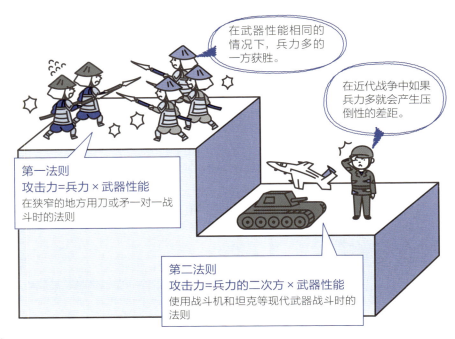

在武器性能相同的情况下，兵力多的一方获胜。

在近代战争中如果兵力多就会产生压倒性的差距。

第一法则
攻击力=兵力×武器性能
在狭窄的地方用刀或矛一对一战斗时的法则

第二法则
攻击力=兵力的二次方×武器性能
使用战斗机和坦克等现代武器战斗时的法则

20世纪70年代，经营顾问田冈信夫将兰彻斯特战略作为经营战略进行总结，并将另一个法则"攻击力=兵力×武器性能"评价为"弱者战略"。这是一对一、局部战中的法则。在经营上，兰彻斯特战略是指通过缩小事业领域，集中经营资源投入该领域，即使面对规模大的企业也能取胜的观点。

"弱者"和"强者"战略

田冈信夫认为，大部分中小企业等弱者只有在适用"第一法则"的情况下才有胜算，所以有必要创造这样的情况。

兰彻斯特战略本身很古老，现在主要用于中小企业。

	弱者	强者
基本战略	差别化战略	追击战
主义（商品战略）	一点集中主义	综合主义（物量战）
区域战略	局部战	广域战
流通战略	接近战	远程战
顾客战略	单挑战	概率战
战法	伴动战	诱导战

日本主要运用兰彻斯特战略于企业经营中。

注：目前，上图的著作权归兰彻斯特经营株式会社所有，其普及营运委托给NPO兰彻斯特协会。

09 缩短时间可以提高企业竞争力

对经营战略来说，"时间"有什么样的意义呢？它应该作为资金和人才这样的经营资源来处理吧？

千里向惠子讲解了有关BCG提出的"**基于时间的竞争**"的概念。他说："20世纪80年代，BCG研究了高速发展的日本汽车制造商，并着眼于丰田汽车通过看板方式等大幅度缩短生产所需时间。当时，日本企业从新车开发到发售只需要36个月，而美国企业却耗时60个月。"

基于时间的竞争战略理论概述

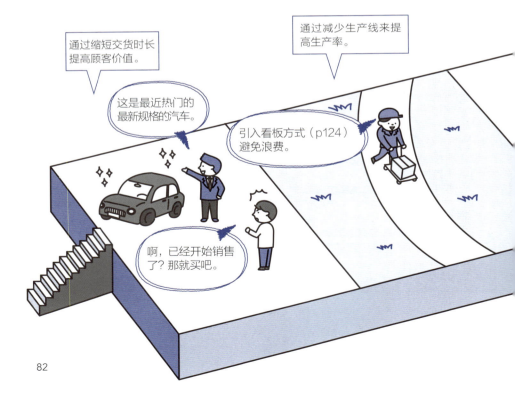

82

日本的汽车制造商通过缩短生产开发周期大幅度削减成本，向社会输送了各种类型的汽车。因为交货期缩短了，所以顾客的满足度提高了，而且因为接近需求期能够准确生产，所以降低了库存风险。BCG得出了"时间才是顾客和企业双方最宝贵的资源"这一结论，并明确了缩短时间决定竞争优势的战略。

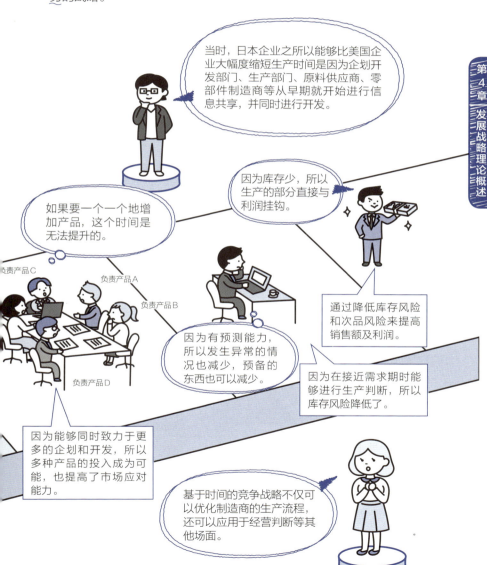

当时，日本企业之所以能够比美国企业大幅度缩短生产时间是因为企划开发部门、生产部门、原料供应商、零部件制造商等从早期就开始进行信息共享，并同时进行开发。

因为库存少，所以生产的部分直接与利润挂钩。

如果要一个一个地增加产品，这个时间是无法提升的。

负责产品C
负责产品A
负责产品B
负责产品D

通过降低库存风险和次品风险来提高销售额及利润。

因为有预测能力，所以发生异常的情况也减少，预备的东西也可以减少。

因为在接近需求期时能够进行生产判断，所以库存风险降低了。

因为能够同时致力于更多的企划和开发，所以多种产品的投入成为可能，也提高了市场应对能力。

基于时间的竞争战略不仅可以优化制造商的生产流程，还可以应用于经营判断等其他场面。

从客户需求出发的商业模式

10

最近在信息技术类的商务活动中成为话题的商业模式"预订"是什么样的经营战略呢?

　　惠子就"预订"这一商业模式咨询了千里。"所谓预订就是订阅的意思,这是指杂志的整年订阅、预约订阅的形式,是被频繁使用的词语。近年来,用户通过定期支付电脑软件、动画音乐等数字内容的费用从而能够继续使用这些内容的商业模式已经流行起来。"

预订的理论概述

在预订模式中,用户不是购买产品,而是借用产品的使用权,根据时间来付费。

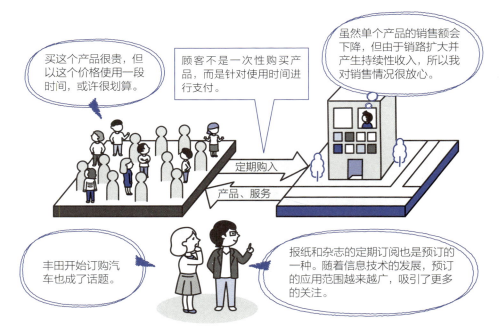

千里继续说：“重视顾客需求是这个经营战略的特征。预订企业注意到消费者的关注点已经从‘拥有’转移到了‘使用’，最近不仅仅是数字内容，汽车、服装、饮食、化妆品等以定额折旧法‘使用’也成为可能。预订可以说是商品销售不畅时代的新经营战略。”

预订成功的三个要点

预订并非适用于所有产品和服务。要使这个商务模式成功，弄清以下三点很重要。

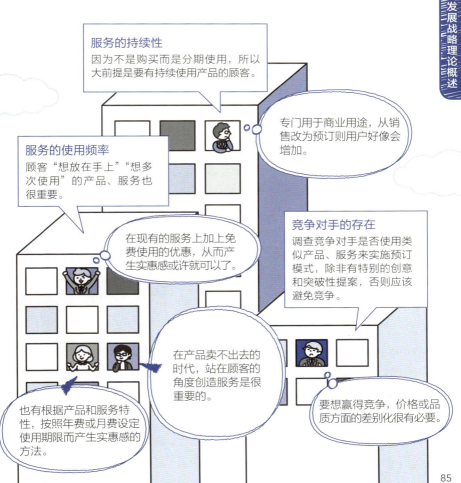

服务的持续性
因为不是购买而是分期使用，所以大前提是要有持续使用产品的顾客。

专门用于商业用途，从销售改为预订则用户好像会增加。

服务的使用频率
顾客“想放在手上”“想多次使用”的产品、服务也很重要。

在现有的服务上加上免费使用的优惠，从而产生实惠感或许就可以了。

竞争对手的存在
调查竞争对手是否使用类似产品、服务来实施预订模式，除非有特别的创意和突破性提案，否则应该避免竞争。

在产品卖不出去的时代，站在顾客的角度创造服务是很重要的。

也有根据产品和服务特性，按照年费或月费设定使用期限而产生实惠感的方法。

要想赢得竞争，价格或品质方面的差别化很有必要。

85

11 急速成长企业的共同点

最近有关急速成长企业的商务书——《重塑组织》在日本特别受欢迎。

千里对惠子说:"《重塑组织》的作者弗雷德里克·莱卢对全世界的企业进行了调查,发现急速成长的企业并不具有日本企业中常见的金字塔形组织形态,而是拥有独特的组织形态。本书研究了这样的组织。顺便说一下,青色组织中的青色(teal)是指青绿色。"

五种组织模型

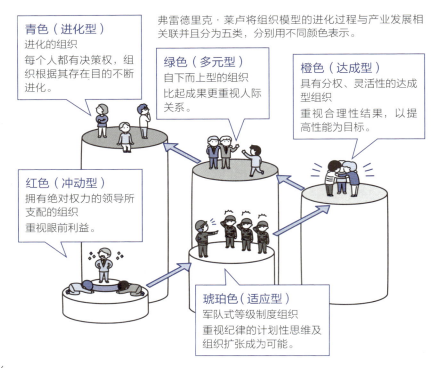

弗雷德里克·莱卢将组织模型的进化过程与产业发展相关联并且分为五类,分别用不同颜色表示。

青色(进化型)
进化的组织
每个人都有决策权,组织根据其存在目的不断进化。

绿色(多元型)
自下而上型的组织
比起成果更重视人际关系。

橙色(达成型)
具有分权、灵活性的达成型组织
重视合理性结果,以提高性能为目标。

红色(冲动型)
拥有绝对权力的领导所支配的组织
重视眼前利益。

琥珀色(适应型)
军队式等级制度组织
重视纪律的计划性思维及组织扩张成为可能。

本书用颜色表现了人类变革以来的组织形态。最古老的拥有绝对支配权的组织是红色。其次，重视纪律的军队式组织是琥珀色。现在大多数民间企业所采用的高效、合理运作的组织是橙色。但是，这个组织形态也已经达到了极限。作者认为今后企业应该以建立青色组织为目标，它拥有橙色所没有的三个特征。

青色组织的三个特征

弗雷德里克·莱卢说经营者和上司不对员工的业务进行管理、指示的青色组织有着传统金字塔形组织所没有的三个特征。

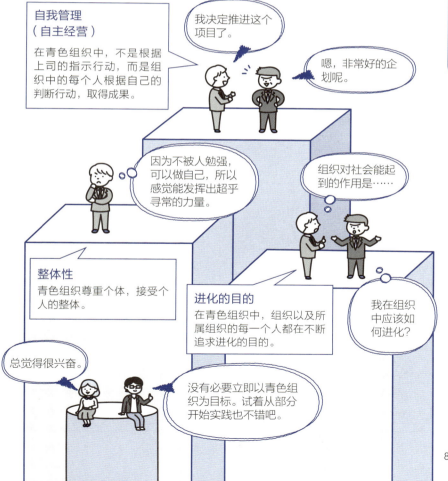

自我管理
（自主经营）

在青色组织中，不是根据上司的指示行动，而是组织中的每个人根据自己的判断行动，取得成果。

我决定推进这个项目了。

嗯，非常好的企划呢。

因为不被人勉强，可以做自己，所以感觉能发挥出超乎寻常的力量。

组织对社会能起到的作用是……

整体性
青色组织尊重个体，接受个人的整体。

进化的目的
在青色组织中，组织以及所属组织的每一个人都在不断追求进化的目的。

我在组织中应该如何进化？

总觉得很兴奋。

没有必要立即以青色组织为目标。试着从部分开始实践也不错吧。

12 分析顾客推荐度的方法

进入 21 世纪,很多知名大企业所采用的经营手法中有"净推荐经营"这一手法。

千里向惠子解释说:"净推荐经营是美国贝恩咨询公司所提倡的,是关注顾客满意度的经营手法。企业为了测试顾客满意度,会向顾客提问'你想向朋友和同事推荐那个(商品、服务等)吗?'这个问题在商务场合也被称为'终极问题'。"

净推荐值(NPS)的计算方法

①让调查对象从0~10的11个选项中选择推荐给其他人的可能性。
②将9和10设定为"推荐者",将7和8设定为"被动者",将0~6设定为"贬损者"。
③推荐者所占的百分比减去贬损者所占的百分比,就算出了NPS。

顾客面对提问，从0~10的11个选项中选择答案。把得分为10分和9分的顾客称为推荐者，7分和8分的顾客称为被动者，0~6分的顾客称为贬损者，并计算推荐者减去贬损者的比例。其数值就是净推荐值（NPS）。虽然是简单的方法，但是很多企业都明白NPS与企业的增长率和盈利能力有关，所以都很重视。

源自日本的经营理论
"SECI 模型"理论概述

迄今为止有日本人面向世界提出的"经营理论"吗?
那是什么理念呢?

千里告诉惠子,从日本发源并在世界范围内广泛传播的经营理论有SECI模型。一桥大学名誉教授野中郁次郎研究了关于20世纪80年代日本企业取得世界性成功的主要原因,认为这是"从隐性知识到显性知识"的转换。明确了作为诀窍,个人所拥有的知识在企业内被共享,从而产生新知识的过程。

SECI模型的含义

SECI模型是指把知识转换的模式分为四个阶段并不断重复,从而战略性地创造、共享个人和组织知识的框架。

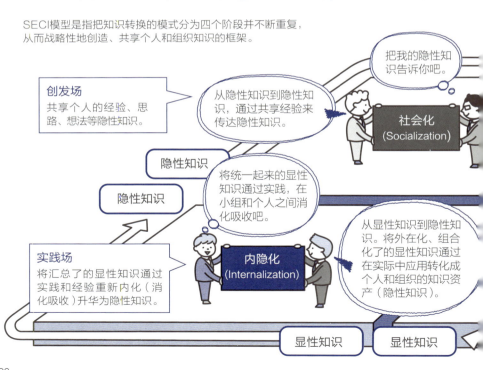

用语言难以表达的"隐性知识"，通过社会化、外在化、组合化、内隐化这四个阶段过程，转换成能够表达的"显性知识"。SECI模型说明了日本人擅长这个过程，所以企业成功了。顺便提一下，"SECI"是四个阶段英语名称的首字母组合。关于这些知识的经营理论，也被称为知识管理，被全世界企业所采用。

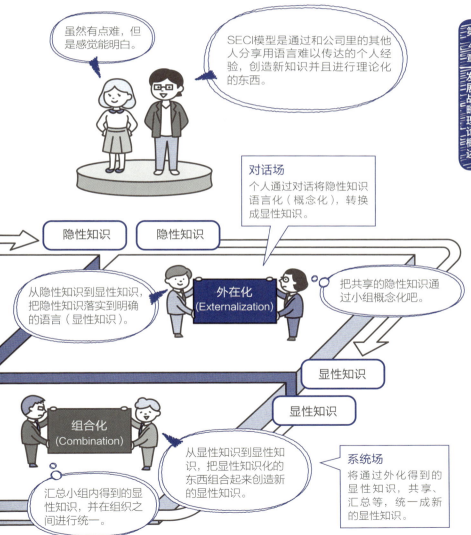

虽然有点难，但是感觉能明白。

SECI模型是通过和公司里的其他人分享用语言难以传达的个人经验，创造新知识并且进行理论化的东西。

对话场
个人通过对话将隐性知识语言化（概念化），转换成显性知识。

隐性知识　　隐性知识

从隐性知识到显性知识，把隐性知识落实到明确的语言（显性知识）。

外在化
（Externalization）

把共享的隐性知识通过小组概念化吧。

显性知识

显性知识

组合化
（Combination）

从显性知识到显性知识，把显性知识化的东西组合起来创造新的显性知识。

系统场
将通过外化得到的显性知识，共享、汇总等，统一成新的显性知识。

汇总小组内得到的显性知识，并在组织之间进行统一。

领英（Linkedin）
和社交媒体、平台战略

近年来，利用脸书（Facebook）、推特（Twitter）等社交媒体进行营销的势头越来越明显。管理学家皮斯科尔斯基认为，企业在利用社交媒体时，首先需要满足顾客（用户）的需求，比如见面、交流等。这样企业才能获得降低广告等成本和提高购买欲望的成果。

Linkedin是专门面向商业客户的全球最大的职业社交网络服务平台，在全世界有超过5亿的会员在交换、获取信息。另外，面向企业还提供人才招聘、广告刊登、挖掘潜在客户、在线学习等功能。通过这些功能，平台成功地满足了会员的商务和职业需求。Linkedin的商业模式达到了在2016年被微软公司以262亿美元收购的价值。

麦肯锡的 "现代经营战略"

　　《麦肯锡现代经营战略》（大前研一著）于1979年出版。该书收录了美国大型顾问公司麦肯锡公司的顾问，后来担任日本分公司社长等职位的大前先生（当时35岁）和该公司的顾问团队，面向客户经营者所举办的特别研讨会的内容，2014年重新改版发行。因为以研讨会口吻，书写内容简单易懂，至今仍被称为经营顾问的教科书。

　　关于经营战略，该书介绍了"产品、市场战略""项目投资组合管理""收益改善方案""销售能力管理""技术投资组合管理""间接成本价值分析"这六个战略框架。无论哪个战略，都应该通过对现状的把握和分析，确定问题所在之后，根据重要性和优先顺序来构建。战略实施后，也应该经常反馈结果并运用到新的分析当中。

将《孙子兵法》 应用于商业领域

中国春秋时代的将军孙武撰写了《孙子兵法》。当时战争的胜败取决于天运的想法还很强烈，孙武分析、研究战争的客观规律等，整理了这本兵法书。其内容与商界也有相通之处，至今在全世界仍有许多企业家爱不释手。

书中指出，故经之以五事，校之以计而索其情：一曰道，二曰天，三曰地，四曰将，五曰法。知之者胜，不知者不胜。故校之以计而索其情，曰："主孰有道？将孰有能？天地孰得？法令孰行？兵众孰强？士卒孰练？赏罚孰明？吾以此知胜负矣。"

《孙子兵法》的基本理念是打不输的仗、尽量不战而胜、战斗在短时间内结束，这是为了保护国家的人才和资源，与利用有限企业资源开展商务战略也有着很深的相通之处。

第 5 章

从事有风险的事业的
评估方法
（业务层战略）

创业的时候最重要的是选择进入
哪个行业，从事什么样的事业。
千里讲解了为建立竞争优势的各
种业务层战略。

01 建立竞争优势的
三个基本战略

为了建立针对其他公司的竞争优势，波特认为只需执行
三个基本战略。

为了建立针对其他公司的竞争优势，应该制定什么样的业务层战略呢？抱着这种疑问的惠子咨询了千里。对于这个问题，千里回答："波特认为应该采用总成本领先战略、差别化战略、专一化战略这三个基本战略。"总成本领先战略是实现比所有竞争对手都低的成本；差别化战略是通过独一无二的产品、服务谋求差别化的战略。

波特的三个基本战略理论概述

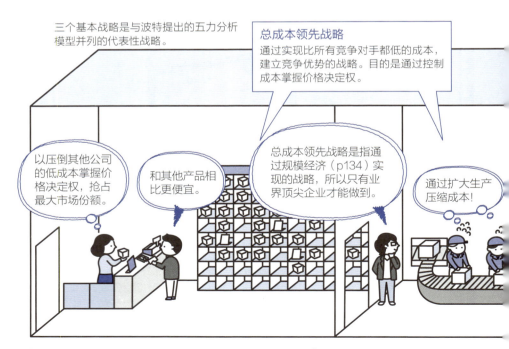

三个基本战略是与波特提出的五力分析模型并列的代表性战略。

总成本领先战略
通过实现比所有竞争对手都低的成本，建立竞争优势的战略。目的是通过控制成本掌握价格决定权。

以压倒其他公司的低成本掌握价格决定权，抢占最大市场份额。

和其他产品相比更便宜。

总成本领先战略是指通过规模经济（p134）实现的战略，所以只有业界顶尖企业才能做到。

通过扩大生产压缩成本！

专一化战略，分为集中削减特定产品成本的成本专一和彻底区别对待特定产品的差别化专一两种类型。三个基本战略中，如果多个战略同时执行，就会变成"进退两难的（陷入中途无法行动的状态）企业"。所以需要注意，将自己公司的战略锁定在三个战略中的一个是很重要的。

02 从与竞争对手的比较中分析自己公司

千里开始讲解迈克尔·波特所提倡的价值链分析模型。

被惠子问到有关从与竞争对手的比较中分析自己公司的方法，千里开始讲解**价值链分析模型**。他说："该方法首先将自己公司的经营活动分为基本活动和支持活动。基本活动分为原料供应、生产加工、成品储运、市场营销、售后服务（修理和维护）等，支持活动分为企业基础结构（财务、法务、会计等），人力资源管理，技术开发，采购等。"

价值链分析理论概述

波特所提倡的价值链分析模型是将企业的经营活动分为基本活动和支持活动，并分析其强弱的理论。

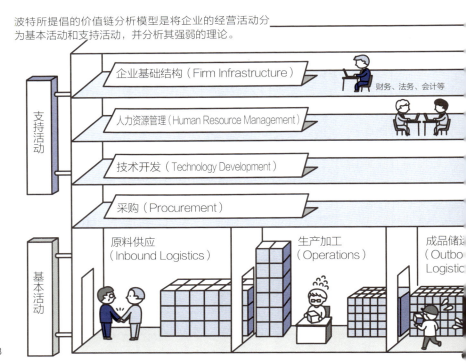

千里继续讲："像这样写出自己公司的经营活动和功能，看一眼就知道公司的经营活动是根据什么样的功能来进行的。不仅对自己公司，对竞争对手也进行这项工作。两者相比较，就能掌握自己公司的强项和弱项，也抓住了战略制定的要点。比较的时候容易对自己公司宽容，所以要注意从客观角度进行比较。"

按照这种模式与其他竞争对手做比较，如果掌握了自己公司的优势和弱项，就能抓住制定战略的要点。接着从波特的三个基本战略中选择一个，思考哪个功能会产生附加价值。

随着数字化的推进，越来越多的公司把价值链的一部分外包给其他公司进行合作。

利润（Margin）

市场营销（Sales & Marketing）

售后服务（Service）

03 分析行业的竞争状态

管理学家迈克尔·波特说，提高盈利能力的
关键在于在经营中取得垄断地位。

惠子向千里询问怎样才能在事业中获得高利润。千里说："公司是否赚钱
取决于加入哪个产业、行业，所以决定加入新产业、行业的时候，分析该行
业的盈利能力和竞争状况是很重要的。我在分析行业的时候使用波特设计的
五力分析模型。"

五力分析模型理论概述

五力分析模型是加入新的发展领域或撤出现有发展领域时有效的行业盈利能力分析模型。

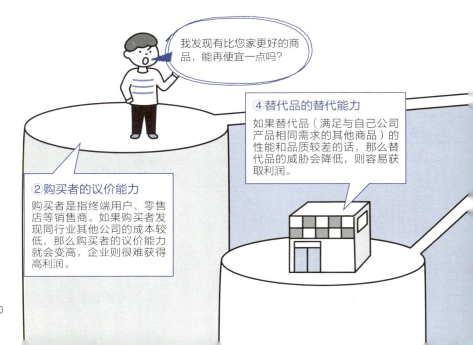

在五力分析模型中，同行业现有竞争者的能力、购买者的议价能力、供应商的议价能力、替代品的替代能力、潜在竞争者进入市场的能力这五个因素将决定行业的竞争状态。哪个因素对行业产生影响是根据行业的不同而产生影响的。通过找出关键因素，能够了解该行业的状况，也能够找到怎么操作可以缓解竞争，提高盈利能力的方法。

04 制定业务层战略的想法

惠子在思考企业如何从众多业务层战略中制定一个适合自己公司的业务层战略。

惠子问千里怎么制定企业发展战略。千里回答："很多企业都使用和波特的三个基本战略齐名的科特勒提出的**四种竞争者定位战略**。"这是将行业内的地位分为领导者、挑战者、跟随者、利基者，为了在竞争中胜出而根据各自的角色定位来选择战略的想法。

四种竞争者定位战略

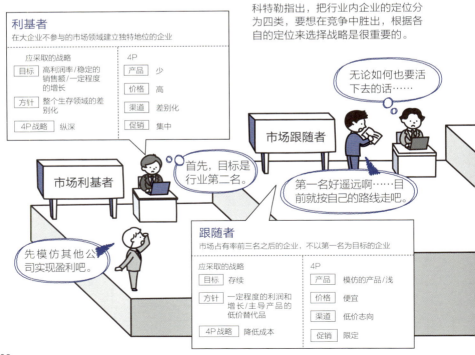

科特勒指出，把行业内企业的定位分为四类，要想在竞争中胜出，根据各自的定位来选择战略是很重要的。

利基者
在大企业不参与的市场领域建立独特地位的企业

应采取的战略		4P	
目标	高利润率/稳定的销售额/一定程度的增长	产品	少
方针	整个生存领域的差别化	价格	高
		渠道	差别化
4P战略	纵深	促销	集中

市场利基者

首先，目标是行业第二名。

市场跟随者

无论如何也要活下去的话……

第一名好遥远啊……目前就按自己的路线走吧。

先模仿其他公司实现盈利吧。

跟随者
市场占有率前三名之后的企业，不以第一名为目标的企业

应采取的战略		4P	
目标	存续	产品	模仿的产品/浅
方针	一定程度的利润和增长/主导产品的低价替代品	价格	便宜
		渠道	低价志向
4P战略	降低成本	促销	限定

"只是，这个框架在市场占有率不明确的情况下很难应用，在信息技术行业和风险行业很难将公司归类于这四种类型，近年来就有人指出"行业"这个概念本身变得越来越模糊的问题。另外，将自己公司分为这四类中的某一类时，不能忘记以用户视角进行思考是很重要的。"

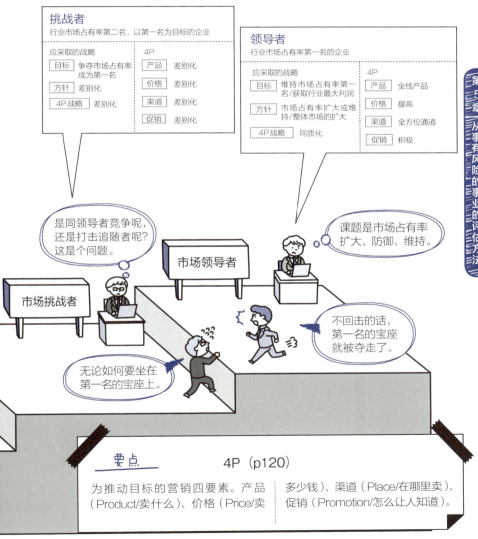

挑战者
行业市场占有率第二名，以第一名为目标的企业

应采取的战略

目标	争夺市场占有率成为第一名
方针	差别化
4P战略	差别化

4P

产品	差别化
价格	差别化
渠道	差别化
促销	差别化

领导者
行业市场占有率第一名的企业

应采取的战略

目标	维持市场占有率第一名/获取行业最大利润
方针	市场占有率扩大或维持/整体市场的扩大
4P战略	同质化

4P

产品	全线产品
价格	提高
渠道	全方位通道
促销	积极

是同领导者竞争呢，还是打击追随者呢？这是个问题。

市场领导者

市场挑战者

课题是市场占有率扩大、防御、维持。

无论如何要坐在第一名的宝座上。

不回击的话，第一名的宝座就被夺走了。

要点　　4P（p120）

为推动目标的营销四要素。产品（Product/卖什么）、价格（Price/卖多少钱）、渠道（Place/在哪里卖）、促销（Promotion/怎么让人知道）。

05 分析企业发展的盈利能力

怎样做才能想出在竞争中胜出的业务层战略，对于经营者来说，这是终极命题。

听说千里经常思考在哪个发展领域上决出胜负才能构建竞争优势，惠子问他是怎么想的。千里回答："有时会使用优势矩阵进行评估。"这是BCG提出的框架，为了思考如何选出能够在竞争中胜出的业务层战略，需要分析该领域是容易赚钱还是难以赚钱。

BCG的优势矩阵

多

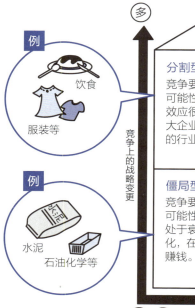

例
饮食
服装等

例
水泥
石油化学等

竞争上的战略变更

分割型事业
竞争要素多、构建优势可能性低的事业。规模效应很难起作用，没有大企业存在的竞争激烈的行业。

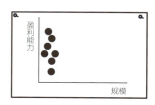

盈利能力

规模

僵局型事业
竞争要素少、构建优势可能性低的事业。事业处于衰退期，难以差别化，在现在的时代很难赚钱。

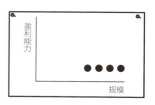

盈利能力

规模

少 低

优势构建的可能性

千里继续讲："首先，通过应用竞争要素多还是少，以及根据竞争要素构建优势的可能性高还是低这两个维度，将企业发展领域分为专业型、规模型、分割型、僵局型四类。一般情况下难以获利的是分割型和僵局型。如果自己公司的事业是这两种情况，那就有必要谋求向专业型或规模型转变，或者考虑退出。"

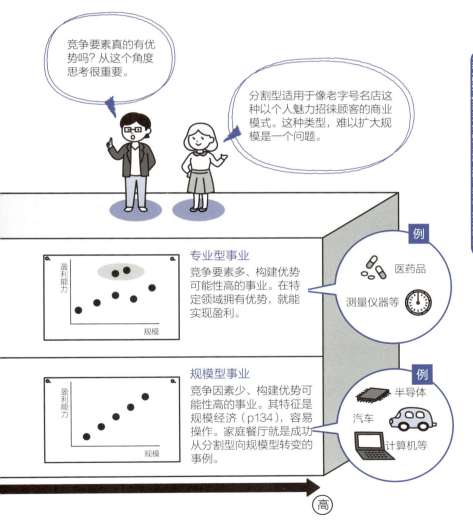

06 提前设想未来可能发生的情景

根据环境变化，要多考虑未来可能发生的情景。
无论什么样的情景变成现实都能应对是很重要的。

千里以石油公司荷兰皇家壳牌公司为例，开始讲解情景规划，即多考虑可能发生的事情并思考应对的战略。他说："该公司在20世纪70年代设想了原油价格稳定、价格高涨两种情景，并采取了事先战略。之后，发生石油危机，原油价格高涨。该公司顺利渡过危机，成了世界第二的石油巨头。"

情景规划的四个步骤

在进行情景规划时，通过以下四个步骤创建四种情景。

① 考虑左右未来的主要因素
公司不仅是为了利润，也是为了解决社会中各种各样的问题而存在的。

锁定影响大的要素，评估到10~20年后，并创建情景吧。

如果发生急剧的通货膨胀，这项业务就危险了。

东亚的政局也有必要预先研究一下啊。

步骤①

千里继续说明："情景规划是按照下面所示的四个步骤进行的。第一，列举很多左右未来的要素，第二，选出其中两个大的要素，第三，用这两个因素制作矩阵，写出四种情景，第四，四种情景发生时分别如何应对，酝酿战略。"惠子理解了经常着眼于未来考虑战略的重要性。

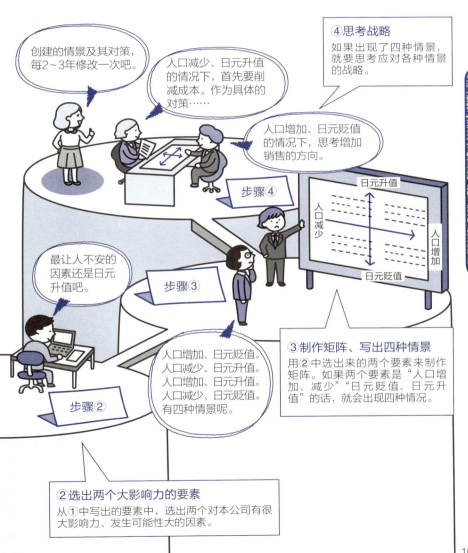

④思考战略
如果出现了四种情景，就要思考应对各种情景的战略。

③制作矩阵、写出四种情景
用②中选出来的两个要素来制作矩阵。如果两个要素是"人口增加、减少""日元贬值、日元升值"的话，就会出现四种情况。

②选出两个大影响力的要素
从①中写出的要素中，选出两个对本公司有很大影响力、发生可能性大的因素。

07 找出没有竞争市场的日本理发店快剪（QB HOUSE）

竞争公司云集的市场叫作红海，没有竞争的未知市场叫作蓝海。

惠子认为如果自己要创业，没有竞争的行业类型比较适合。对于这样定位的她，千里推荐了蓝海战略。这个战略是创造没有竞争的未知市场——蓝海，同时通过实现低成本和差别化而获取利润的战略。作为因实施蓝海战略而成功的企业，10分钟1200日元的理发店QB HOUSE是首选。

QB HOUSE 的蓝海战略

在蓝海战略中，用"增加""减少""附加""剔除"的方法能够找出没有竞争对手的未知市场。

分析市场使用战略画布。将横轴设为业界各公司努力抓住顾客的情况，纵轴设为顾客能够得到的价值程度，分别制作行业标准、竞争对手、自己公司的图表，就能掌握行业以及自己公司所处的状态（该图表的曲线称为价值曲线）。通过制作与其他公司不重叠的价值曲线，能够抓住发现蓝海的线索。

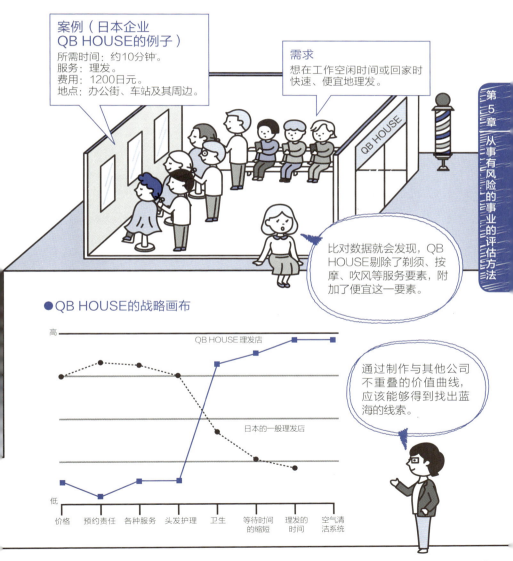

案例（日本企业 QB HOUSE的例子）
所需时间：约10分钟。
服务：理发。
费用：1200日元。
地点：办公街、车站及其周边。

需求
想在工作空闲时间或回家时快速、便宜地理发。

比对数据就会发现，QB HOUSE剔除了剃须、按摩、吹风等服务要素，附加了便宜这一要素。

●QB HOUSE的战略画布

通过制作与其他公司不重叠的价值曲线，应该能够得到找出蓝海的线索。

高

QB HOUSE 理发店

日本的一般理发店

低

价格　预约责任　各种服务　头发护理　卫生　等待时间的缩短　理发的时间　空气清洁系统

08 中华连锁店日高屋也采用的鲋鱼战略

倡导和平的惠子在想，不久的将来，当她自己创业时能否与其他竞争对手合作。

惠子问了关于竞争伙伴关系的问题。千里回答："所谓**竞争合作经营**，指竞争伙伴在某些地方也有合作的情况。商家可以分为互补生产者和竞争对手。互补生产者是指顾客拥有一家公司的产品，自己公司产品的价值也会提高的商家。例如，对于电视机来说的录像机。"

竞争对手不完全是敌人

耶鲁大学教授拜瑞·内勒巴夫和前哈佛商学院教授亚当·布兰登勃格认为"竞争对手不完全是敌人，同时也是互补的生产者"。

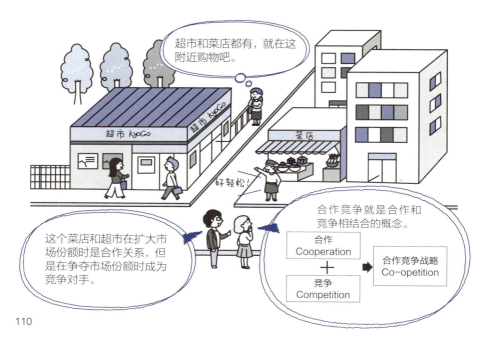

千里继续说:"竞争对手是指顾客拥有一家公司的产品,反而会降低自己公司产品价值的商家。在合作竞争战略中,竞争对手不完全是敌人,也可以看作互补生产者。例如,中华连锁店日高屋,因为在强有力的竞争对手麦当劳和吉野家等店附近开店,扩大了其店铺网。"

日高屋的合作竞争经营

日高屋所采用的合作竞争经营,具有以下优点和创意。

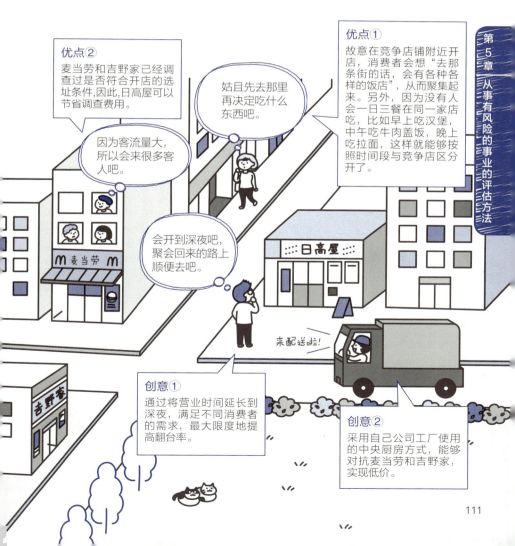

优点①
故意在竞争店铺附近开店,消费者会想"去那条街的话,会有各种各样的饭店",从而聚集起来。另外,因为没有人会一日三餐在同一家店吃,比如早上吃汉堡,中午吃牛肉盖饭,晚上吃拉面,这样就能够按照时间段与竞争店区分开了。

优点②
麦当劳和吉野家已经调查过是否符合开店的选址条件,因此,日高屋可以节省调查费用。

因为客流量大,所以会来很多客人吧。

姑且先去那里再决定吃什么东西吧。

会开到深夜吧,聚会回来的路上顺便去吧。

创意①
通过将营业时间延长到深夜,满足不同消费者的需求,最大限度地提高翻台率。

来配送啦!

创意②
采用自己公司工厂使用的中央厨房方式,能够对抗麦当劳和吉野家,实现低价。

09 整合价值链

通过分解整合价值链产生新商业模式的方法。

千里讲授解构："在价值链分析中，我们将其附加价值按功能分开，分析哪个功能产生了附加价值。在进行解构时，也会调查哪个功能与成本相比附加价值高，然后再研究整合。解构的类型有分解、外包、整合、共享。"

解构的四种类型

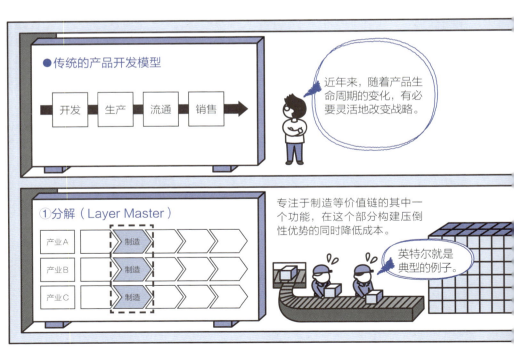

专注于价值链的其中一个功能，在这个部分构建压倒性优势的是分解；将分散的价值链捆绑起来向消费者提供价值的是外包；进入现有价值链，创造新市场的是整合；站在消费者一边进行购买代理的是共享。从这四个类型中选择，并根据时代灵活整合是很重要的。

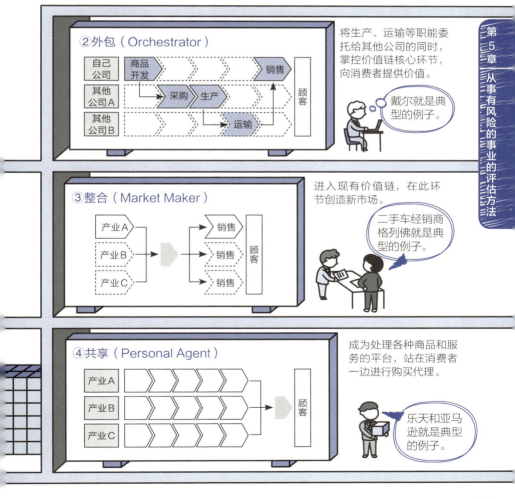

②外包（Orchestrator）

将生产、运输等职能委托给其他公司的同时，掌控价值链核心环节，向消费者提供价值。

戴尔就是典型的例子。

③整合（Market Maker）

进入现有价值链，在此环节创造新市场。

二手车经销商格列佛就是典型的例子。

④共享（Personal Agent）

成为处理各种商品和服务的平台，站在消费者一边进行购买代理。

乐天和亚马逊就是典型的例子。

专栏十二

成本削减战略
"BPR" 理论概述

　　进入20世纪90年代，利用信息技术的企业重组开始流行起来。其中，经营顾问迈克尔·汉默提出的，彻底重新评估以往的业务流程和管理方法，彻底改变工作推进方式的战略就是BPR（业务流程重组）。

　　具体来说，引入了将采购、生产、销售、会计等系统集成一体化的"企业资源计划"（Enterprise Resources Planning，缩写为ERP），并结合ERP进行了业务流程的改变等。在推进BPR方面，重要的是要正确地认识自己公司迄今为止的业务流程，掌握存在的问题，把组织结构从多等级层次型改为水平型，重新确认人事制度和公司经营理念等，从多方面进行改革。

　　另外，因为信息技术不过是一种工具，所以各个公司按照自己的方法研究重组也是很重要的。

分析产品寿命的
产品生命周期理论

所谓产品生命周期理论，是指所有产品和市场都有从诞生到衰退的周期这一思考方式。

掌握自己公司产品的周期，通过了解自己公司处于哪个时期，就能有效地制定战略。

周期分为导入期、成长期、成熟期、衰退期四个时期。根据产品所处时期，应该采取的营销战略会发生变化。例如，导入期的销售额和利润低，必须进行宣传，所以有出现赤字的可能性。另外，虽然成长期市场规模扩大了，但相应地，竞争对手也在增加，所以以获得更多市场份额为目标就变得很重要。成熟期因为竞争会变得激烈，所以维持市场占有率的形象战略很重要。到了最后的衰退期，广告和促销活动虽然已经没有意义，但有时也会获得残存利润。

好好把握自己公司所经营的产品处于哪个时期，不要弄错战略。

创新扩散理论
和鸿沟理论概述

社会学家埃弗雷特·罗杰斯教授提出的创新扩散理论是展示新产品和技术如何在全世界普及的理论。教授提出，最新的高科技产品应该按照"创新者""早期采用者""早期众多跟进者""后期众多跟进者"和"滞后者"的顺序推广。

但是，将高科技产品推广到人数最多的"早期众多跟进者"的阶段是极其困难的。

营销顾问杰弗里·摩尔说高科技产品在"早期采用者"和"早期众多跟进者"之间存在鸿沟，要跨越这个鸿沟（16%的普及率）并不容易。

要跨越鸿沟，企业就必须改变营销战略，例如，不向"早期众多跟进者"中的所有人推销合适的产品，而只向其中一部分人推销。

第 **6** 章

制定个别战略
方法介绍
（职能层战略一）

想了解大企业采用的市
场营销和生产战略的惠
子，通过千里介绍认识
了经营顾问琴美。

01 市场营销战略第一步

从顾客满意的角度思考，最适合的企业活动就是市场营销。

惠子首先向琴美请教了STP。琴美说："STP是市场细分、目标市场、市场定位三位一体的过程，所以取各自的首字母为STP。首先，在市场细分中通过分段方式将拥有相同需求的顾客划分成段。重要的是，通过划分思考是否需要改变战略。如果用相同战略能够应对所有顾客，那就没有划分的意义了。"

STP 的步骤

调查（Research）
顾客信息的收集、分析。掌握自己公司的内部环境和外部环境的强项和弱项，明确自己公司所处位置。

市场营销战略中最重要的是锁定目标。其中，STP营销是基础中的基础。

通过PEST分析（p52）、五力分析模型（p100）、3C分析（p56）、SWOT分析（p54）等确认自己公司所处位置。

市场细分（Segmentation）
市场结构的把握。将顾客按年龄、性别等多个切入点进行细分。

基本的目标是作为商务人士的男性。

调查

琴美继续讲："接下来，通过目标市场决定将划分过的客户群中的哪个群体作为自己公司的目标客户。通过锁定目标，集中投入经营资源。而且，在市场定位中，为了让目标客户认识到本公司产品具有独特的价值，你要找出和其他公司产品不一样的地方，即定位。"

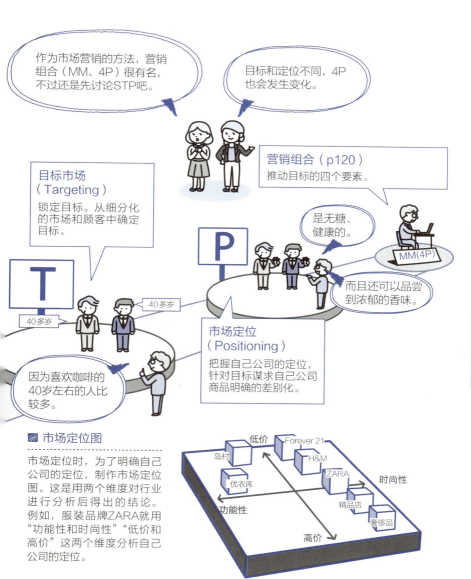

作为市场营销的方法，营销组合（MM、4P）很有名，不过还是先讨论STP吧。

目标和定位不同，4P也会发生变化。

营销组合（p120）
推动目标的四个要素。

是无糖、健康的。

目标市场
（Targeting）
锁定目标。从细分化的市场和顾客中确定目标。

MM(4P)

而且还可以品尝到浓郁的香味。

40多岁

40多岁

市场定位
（Positioning）
把握自己公司的定位，针对目标谋求自己公司商品明确的差别化。

因为喜欢咖啡的40岁左右的人比较多。

📖 市场定位图

市场定位时，为了明确自己公司的定位，制作市场定位图。这是用两个维度对行业进行分析后得出的结论。例如，服装品牌ZARA就用"功能性和时尚性""低价和高价"这两个维度分析自己公司的定位。

低价
Forever 21
岛村
H&M
ZARA
时尚性
优衣库
功能性
精品店
奢侈品
高价

02 推动目标的四个要素

营销战略中非常知名的 4P 是个重要的理论，在产品服务进行分类时也很有效。

接下来是琴美对营销组合（MM）的解释："MM是营销学者杰罗姆·麦卡锡提出的，为了推动目标而采取的营销四要素（4P）。四要素是指产品（卖什么）、价格（卖多少钱）、渠道（在哪里卖）、促销（如何让对方知道自己公司的产品和服务）。如何巧妙地组合这些要素很重要。"

4P（MM）的含义

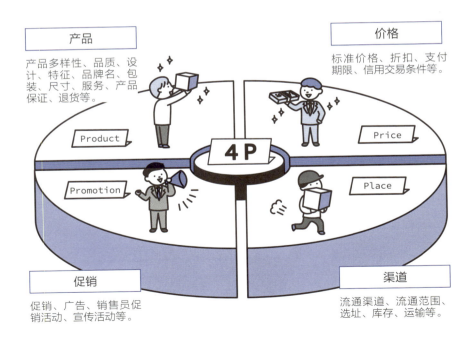

产品
产品多样性、品质、设计、特征、品牌名、包装、尺寸、服务、产品保证、退货等。

Product

价格
标准价格、折扣、支付期限、信用交易条件等。

Price

4P

Promotion

Place

促销
促销、广告、销售员促销活动、宣传活动等。

渠道
流通渠道、流通范围、选址、库存、运输等。

以验孕棒为例，目标人群可分为"想要孩子的人"和"不想要孩子的人"。前者需要鲜明的包装并放在药店显眼的地方，后者需要朴素的包装放在药店不显眼的地方。即使是同样的商品，目标不同，4P也会发生变化。正因为如此，最好事先研究STP。

目标改变，4P也会改变

在4P之前之所以进行STP分析，是因为如果目标、定位不同，4P也会发生变化。

● 验孕棒的4P例子

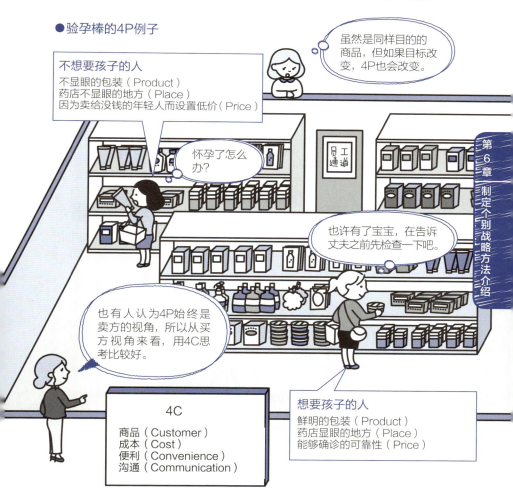

虽然是同样目的的商品，但如果目标改变，4P也会改变。

不想要孩子的人
不显眼的包装（Product）
药店不显眼的地方（Place）
因为卖给没钱的年轻人而设置低价（Price）

怀孕了怎么办？

也许有了宝宝，在告诉丈夫之前先检查一下吧。

也有人认为4P始终是卖方的视角，所以从买方视角来看，用4C思考比较好。

4C
商品（Customer）
成本（Cost）
便利（Convenience）
沟通（Communication）

想要孩子的人
鲜明的包装（Product）
药店显眼的地方（Place）
能够确诊的可靠性（Price）

03 苹果也采用的产品构思法

苹果、宝洁（P&G）、GE、三星等企业引入的、在全世界受到关注的产品构思法是什么？

琴美向我们讲解了信息技术时代的产品构思法："**设计思维**不是以之前其他公司的实际业绩为基础的假说验证，而是通过观察眼前目标来创造产品和优化服务的方法。这种方法产生的背景是，在传统的听取顾客心声的市场调查中，无法创出划时代的新产品。"

创造需求的构思法

设计思维不仅作为以往那种"把握需求"的方法受到关注，还作为"创造需求"的方法受到关注。著名的便携式多功能数字多媒体播放器iPod也是按照设计思维的步骤创造出来的。

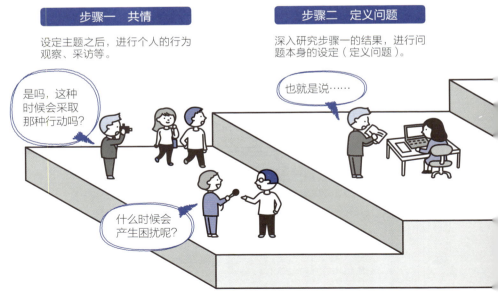

步骤一　共情

设定主题之后，进行个人的行为观察、采访等。

步骤二　定义问题

深入研究步骤一的结果，进行问题本身的设定（定义问题）。

是吗，这种时候会采取那种行动吗？

也就是说……

什么时候会产生困扰呢？

例如，苹果的iPod是由公司内外的开发者、设计师、心理学家、人体工程学专家等35名不同工作人员组成的团队设计出来的。团队首先通过彻底观察用户是如何听音乐的，发现了用户在任何地方都想立刻听到自己选择的音乐这一潜在需求，从而创造了将所有歌曲放入口袋随身携带的新概念。

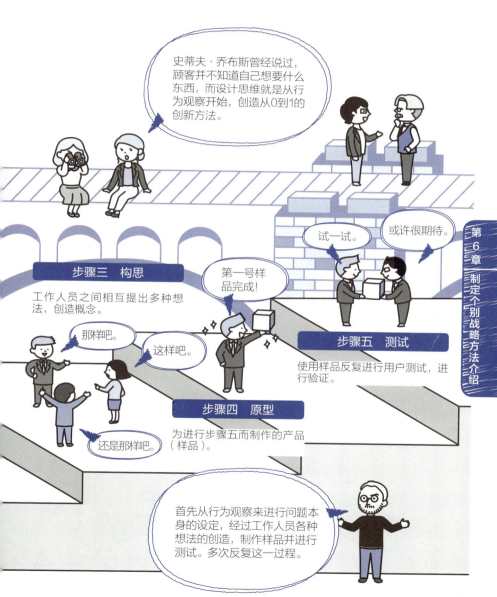

史蒂夫·乔布斯曾经说过，顾客并不知道自己想要什么东西，而设计思维就是从行为观察开始，创造从0到1的创新方法。

或许很期待。

试一试。

第一号样品完成！

步骤三　构思

工作人员之间相互提出多种想法，创造概念。

那样吧。

这样吧。

还是那样吧。

步骤五　测试

使用样品反复进行用户测试，进行验证。

步骤四　原型

为进行步骤五而制作的产品（样品）。

首先从行为观察来进行问题本身的设定，经过工作人员各种想法的创造，制作样品并进行测试。多次反复这一过程。

04 世界各地企业采用丰田的看板方式

看板方式是源于日本丰田汽车公司，被世界各地的制造商所使用的优秀生产方式。

　　琴美开始向惠子讲述看板方式："看板方式是后来成为丰田公司副社长的大野耐一发明的方法，为了消除库存空间的浪费，在组装时只保留必要部分的零件。在这种方式产生之前，批量生产方式是主流，即将生产工序细化、分担工作、放在传送带上、通过流水作业生产、批量生产少量类型的产品。"

传统制造业和丰田的看板方式

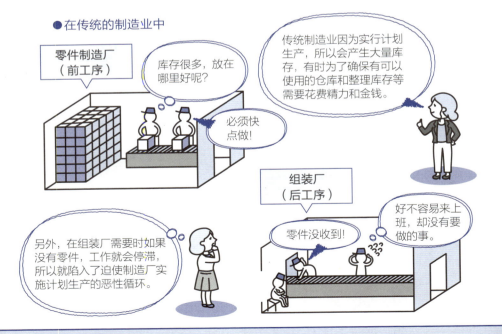

琴美接着说："但是，在丰田，后工序只有必要时，才向前工序领取必要数量的零部件。前工序因为只生产、补充后工序领取的零件，所以不会产生多余库存，从而产生了不用确保可用仓库和库存管理也可以解决的方式。听说因为前工序和后工序使用写有零件名和商品号码等的单据（看板）来进行意见的沟通，所以此方法取名为看板方式。"

● 在看板方式中

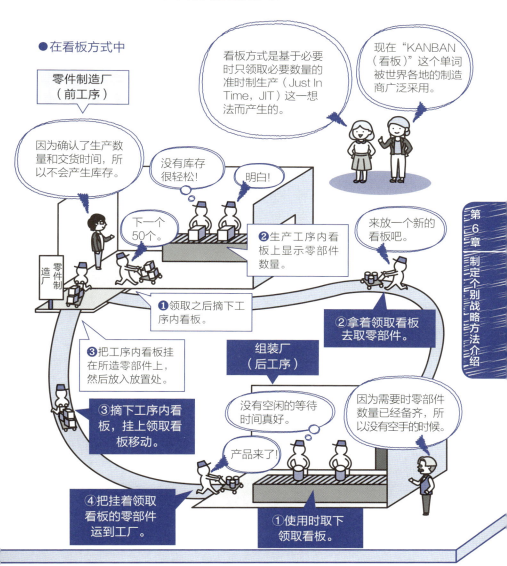

看板方式是基于必要时只领取必要数量的准时制生产（Just In Time, JIT）这一想法而产生的。

现在"KANBAN（看板）"这个单词被世界各地的制造商广泛采用。

零件制造厂（前工序）

因为确认了生产数量和交货时间，所以不会产生库存。

没有库存很轻松！

明白！

下一个50个。

❷生产工序内看板上显示零部件数量。

来放一个新的看板吧。

零件制造厂

❶领取之后摘下工序内看板。

②拿着领取看板去取零部件。

❸把工序内看板挂在所造零部件上，然后放入放置处。

组装厂（后工序）

③摘下工序内看板，挂上领取看板移动。

没有空闲的等待时间真好。

因为需要时零部件数量已经备齐，所以没有空手的时候。

产品来了！

④把挂着领取看板的零部件运到工厂。

①使用时取下领取看板。

05 实现接单生产的低成本化

虽然接单生产给人的印象是需要很高的费用，但是一部分产品运用信息技术和生产技术实现了低成本。

琴美开始谈论自己在咨询公司进行的接单生产（Build to Order，缩写为BTO）。"BTO是电脑等制造商所采用的接单生产的一种生产方式，其特征是运用信息技术和生产技术，能够以低成本提供产品。电脑制造商戴尔公司已经开始用曲购方式，以为普通客户定制的形式进行直销，因此被普通客户广泛接受。"

戴尔公司的BTO

戴尔公司运用信息技术和生产技术，实现了以低成本提供产品的BTO。

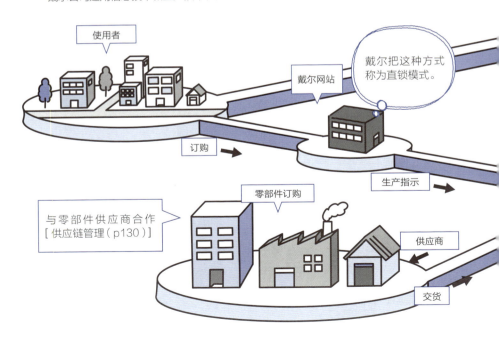

使用者

戴尔网站

戴尔把这种方式称为直锁模式。

订购

生产指示

与零部件供应商合作
[供应链管理（p130）]

零部件订购

供应商

交货

BTO之所以能够实现低价，是因为直接向顾客销售从而削减了中间环节利润，导入了看板方式（p124）、单元生产方式（p128）、供应链管理（p130）等，削减了生产成本。但是，随着电脑的更新换代和廉价版的出现，BTO的优点逐渐消失了。现在，汽车制造商等也引进了BTO。

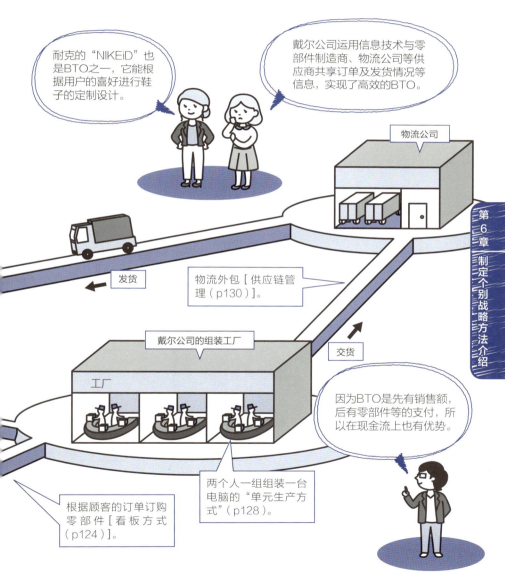

耐克的"NIKEiD"也是BTO之一，它能根据用户的喜好进行鞋子的定制设计。

戴尔公司运用信息技术与零部件制造商、物流公司等供应商共享订单及发货情况等信息，实现了高效的BTO。

物流公司

发货

物流外包［供应链管理（p130）］。

戴尔公司的组装工厂

交货

工厂

因为BTO是先有销售额，后有零部件等的支付，所以在现金流上也有优势。

两个人一组组装一台电脑的"单元生产方式"（p128）。

根据顾客的订单订购零部件［看板方式（p124）］。

06 佳能提高生产率的方法

因佳能的成功案例而闻名的单元生产方式，
在 20 世纪 90 年代被各家制造厂广泛采用。

　　"你知道佳能引进的单元生产方式吗？"对于琴美的提问，惠子回答："不知道。"琴美说："**单元生产方式是指一个或少数工人从零部件的安装到组装、检查为止负责多个工序的方法。**佳能引进这种生产方式的结果就是，可以将生产周期从大约3天缩短到5～6个小时，可以将工厂的运转资金减少到大约1/3。"

单元生产方式的优点

单元生产方式主要是在U字形工作台上工作，因此得名。不仅是小型产品，汽车和大型洗车机等生产现场也采用这种方式。

起点

三个人合作，以适当的速度前进吧。

优点❶
由于是少数人操作，所以不容易出现半成品（制作中的产品）。因此，很少出现等待的情况，效率高。

优点❷
与用传送带的生产方式（直线流水线生产方式）相比，这种方法不占地方，设备投资金额也少。

琴美继续讲："单元生产方式不适合批量生产，其特征是适合多品种小批量生产以及能轻松应对产量的变化。另外，因为一个人完成多个工序，与只生产零部件时相比，该方法会产生制造产品的满足感，所以还具有提高员工积极性的优点。只是，受到工人技术水平的影响，生产速度和生产质量变化很大，所以需要注意。"

受到工人技术水平的影响，生产速度和生产质量变化很大，需要注意。

单元生产方式具有轻松调整产量的优点。

优点❸
因为经常有人在现场工作，所以容易发现需要改善的地方并不断地进行小的改善。因此，次品率也会降低，成本也会减少。

即使出现因病缺勤等情况，也不会像一般直线流水线那样对工作产生大的影响，这也是这种方式的优点。

制作东西很有趣。

终点

把这道工序前后分开，即使采用2人体制，或许也不会改变工作时间。

优点❹
与直线流水线生产方式不同，因为一个人负责多个工序，所以与只专注处理一个工序的情况相比，单元生产方式会使员工产生"在制作东西"的满足感，容易提高员工的积极性。

07 企业间共享信息，提高生产效率

琴美说，好像有一种促进企业间的业务流程高效化，
消除浪费，提高生产率的管理方法。

琴美说："从开发、生产、销售到向消费者提供商品和服务的一系列过程
称为供应链，谋求供应链整体最优化的经营管理方法称为供应链管理（Supply
Chain Management，缩写为SCM）。作为相似概念的价值链是企业内部价值
的联结，与此相对，供应链则是涉及多家企业的管理方法。"

传统供应链和供应链管理（SCM）

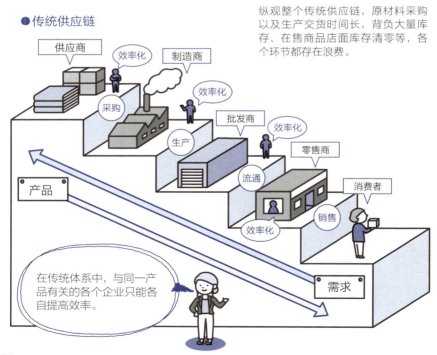

纵观整个传统供应链，原材料采购
以及生产交货时间长，背负大量库
存、在售商品店面库存清零等，各
个环节都存在浪费。

传统供应链

供应商　效率化　制造商　采购　效率化　生产　批发商　效率化　零售商　流通　消费者　产品　效率化　销售　需求

在传统体系中，与同一产品有关的各个企业只能各自提高效率。

以制造商为例，原料从原材料制造商那里采购，销售由零售店进行，配送由运输业者完成。但是在供应链管理中，则是把这些合作公司组合起来考虑，以谋求整体的最优化。要消除供应链的浪费，共享信息是必须的，但是和客户共享所有信息是很难的，而且信息公开到什么程度也是一个难以平衡的问题。

● 供应链管理（SCM）

在SCM中，为了让各公司共享信息并且加深合作，通过灵活运用信息系统，减少流程中的浪费，从而提高生产率，而且能够迅速提供符合顾客要求的产品。

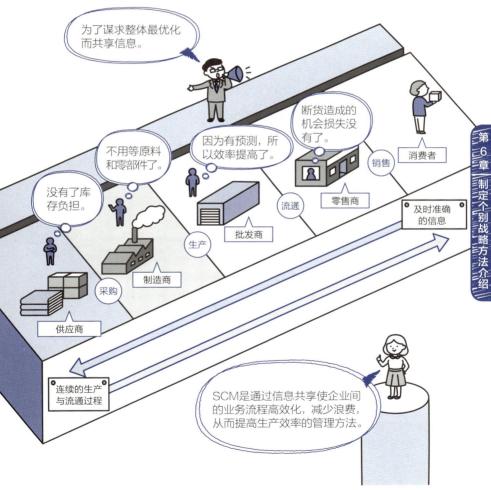

08 以瓶颈为基准进行优化

约束理论（Theory of Constraints，缩写为 TOC）是以创始人本人所写的商业小说大卖为契机，一跃成名的生产管理理论。

琴美开启有关优化供应链流程，提高生产率的TOC的话题："TOC是艾利·高德拉特博士提出的理论，即如果满足以下三个条件：增加生产量（生产量=实际销售额-原材料和运输费等变动成本）、减少运营资本（运营资本=流动资产-流动负债）、减少经费（经费含人工费等），就会产生现金流的想法。"

瓶颈决定生产率

所谓TOC，是指供应链整体的强度（能力）取决于最薄弱环节（过程）的想法，用链条来比喻的话就容易理解了。

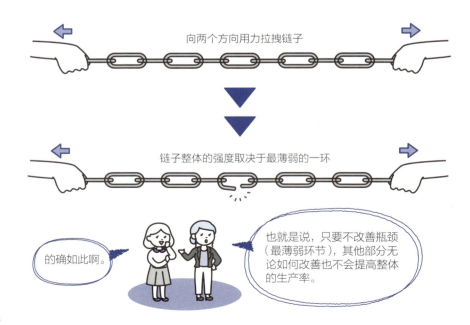

向两个方向用力拉拽链子

链子整体的强度取决于最薄弱的一环

的确如此啊。

也就是说，只要不改善瓶颈（最薄弱环节），其他部分无论如何改善也不会提高整体的生产率。

琴美继续讲："其中，为了增加生产量，有必要关注并改善阻止供应链顺利流通的瓶颈部分（约束条件）。具体的改善对策是，配合瓶颈部分的生产能力，调整整体生产节奏。这样一来，就能够缩减之后工序的等待时间，提高生产效率。"

改善瓶颈的五个步骤

因为瓶颈原因，在整体生产率受限的情况下，集中改善瓶颈部分是很重要的。

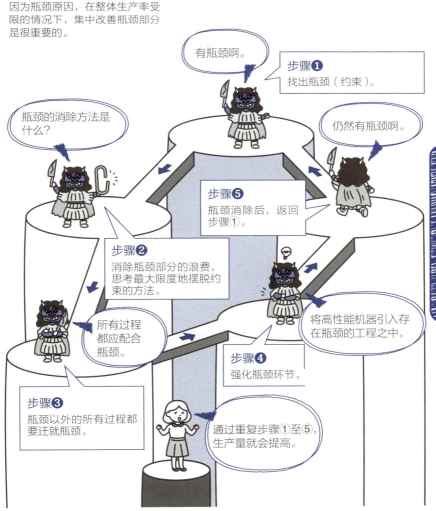

有瓶颈啊。

步骤❶
找出瓶颈（约束）。

瓶颈的消除方法是什么？

仍然有瓶颈啊。

步骤❺
瓶颈消除后，返回步骤①。

步骤❷
消除瓶颈部分的浪费，思考最大限度地摆脱约束的方法。

所有过程都应配合瓶颈。

将高性能机器引入存在瓶颈的工程之中。

步骤❹
强化瓶颈环节。

步骤❸
瓶颈以外的所有过程都要迁就瓶颈。

通过重复步骤①至⑤，生产量就会提高。

09 产量越大，生产成本越低

产量越大，产品成本越低的规模经济也叫"规模效果""规模效益"。

惠子问："产量越大，生产成本就越低，这是真的吗？"琴美点点头说："增加产品产量，单位产品的成本就会降低，这叫作规模经济。为什么成本会降低呢？因为在生产成本中，原材料等变动成本与产量成正比增加，但是人工费、地租、房租等固定费用与产量无关，是固定的。"

规模经济理论概述

随着产量的增加，单位产品的原材料和劳动力等必要费用减少，这样利润率就会提高。

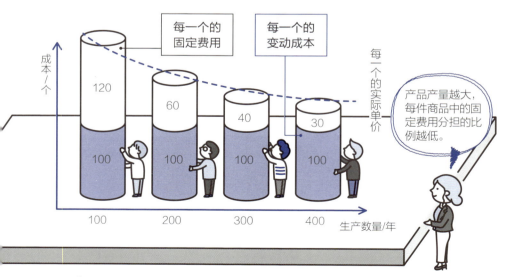

喵!

也就是说，生产量增加，每件商品成本中的固定费用所占的比例就随之降低，成本也下降。另外，因为多买而要求降价的话，实际上原材料费用（变动成本）也会降低。如果进一步批量生产，为了提高生产效率，即使在设备和技术上增加投资也能收回成本，因此通过积极投资，成本还会进一步降低。

以工厂产量进行比较的规模经济的例子

人工费、地租房租等固定费用与产量无关，这部分费用是固定的，所以产量越大，每件商品成本中的固定费用所占的比例就越小。

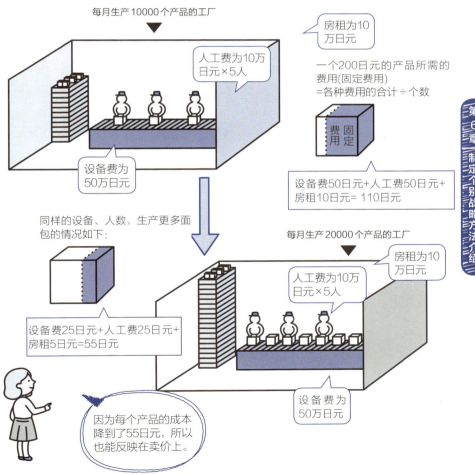

每月生产10000个产品的工厂

人工费为10万日元×5人

房租为10万日元

设备费为50万日元

一个200日元的产品所需的费用(固定费用)
=各种费用的合计÷个数

费用 固定

设备费50日元+人工费50日元+房租10日元= 110日元

同样的设备、人数，生产更多面包的情况如下：

设备费25日元+人工费25日元+房租5日元=55日元

每月生产20000个产品的工厂

人工费为10万日元×5人

房租为10万日元

设备费为50万日元

因为每个产品的成本降到了55日元，所以也能反映在卖价上。

10 扩大范围，降低产品成本

和"规模经济"名称相似的是"范围经济"。这两个概念是经常容易混淆的概念，那范围经济是什么意思呢?

惠子询问琴美范围经济的概念。琴美回答道："所谓范围经济，是指在共同的生产设备中，因为生产、销售多个产品、服务，反而比生产、销售一个产品、服务更能降低单位产品的成本，同时扩大利润的情况。但是，随着商品数量的增加，反而有增加成本的风险，所以需要注意。"

范围经济理论概述

例如，有A和B两个独立的企业发展领域，如果共享生产设备、技术、人才等，就能够减少成本，提高利润。

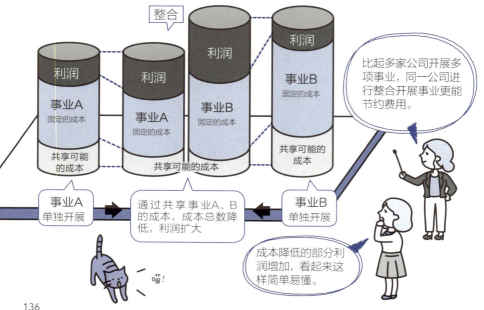

例如，丘比着眼于生产沙拉酱时会产生大量废弃蛋壳，通过将其重新用作营养功能食品和粉笔的原材料，在降低了废弃成本和原材料成本的同时，开发了新产品。但是，如果处理多个产品和服务，并非一定能实现预期的范围经济。比如在食品店出售无关的体育用品，也不能指望销量会增加。

因范围经济而成功的企业

范围经济可以应用于各种各样的事业。但是，因为商品数量增加，反而有增加成本的风险，所以需要注意。

● 丘比的例子

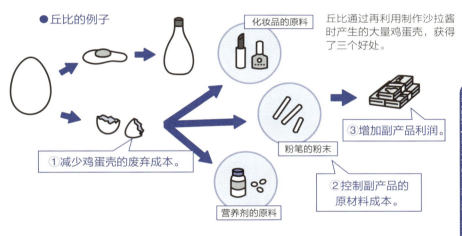

丘比通过再利用制作沙拉酱时产生的大量鸡蛋壳，获得了三个好处。

化妆品的原料

③增加副产品利润。

粉笔的粉末

①减少鸡蛋壳的废弃成本。

②控制副产品的原材料成本。

营养剂的原料

● 其他范围经济的例子

可尔必思的例子

废物再利用

使用可尔必思生产过程中发现的可尔必思菌生产保健食品。

亚马逊的例子

仓库和货架等空间的利用

利用巨大的仓库，提供从书的邮购服务到处理所有产品的服务。

11 控制风险提高生产率的 蝶翠诗（DHC）的战略

很多女性都在使用的 DHC 的化妆品中包含着经过深思熟虑的生产战略。

惠子使用DHC的化妆品时，琴美问："你知道那个化妆品是通过代工贴牌（OEM）的吗？""所谓OEM（定点生产，俗称代工生产），是指想把风险控制在最低限度生产产品时，或者自己公司有品牌力和企划力，但是没有生产技术时使用的方法。负责生产的制造商叫作OEM制造商。原本从事翻译事业的DHC，通过这种方法进入了化妆品行业。"

OEM的流程

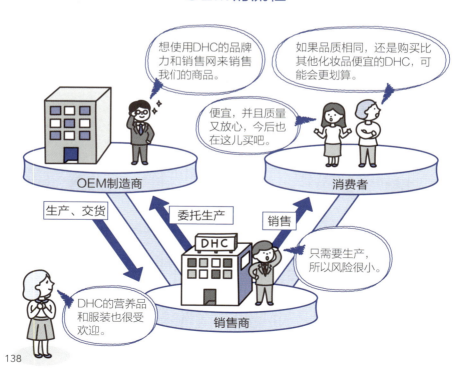

销售商实施OEM的好处是，自己公司没有工厂设备，能够廉价生产。另一方面，OEM制造商的好处是，利用销售商的品牌，商品可以畅销。但是问题在于，OEM制造商积累经验技巧成为竞争对手，代理商为了寻求更好的条件而委托给其他OEM制造商等。OEM有优点，也有缺点。

OEM的优点和缺点

便利店和超市出售的个人品牌（Personal Brand，缩写为PB）商品也是OEM的典型例子。对于消费者来说很难得的个人品牌商品，对于企业来说也有优点和缺点。

亚马逊的云战略

所谓"云"，是指将数据储存在互联网上，而非自己电脑上的服务。由此，可以用电脑和手机从任何地方浏览、编辑、上传数据，也可以和他人共享数据。也就是说，没必要把数据保存在电脑中了。

云服务的优点是自己公司不再需要购买服务器和软件，只需要租用使用时所需的部分即可。

现在，各种公司都在提供云服务。例如，亚马逊推出了被称为"亚马逊网络服务"的云服务。2006年由亚马逊发起的面向企业的网络服务，其优势是仅通过更改设置就能迅速提供与需求相适应的计算能力，其以全世界33%的市场占有率，压倒性地超越第二名，并以世界第一的市场占有率而自豪。

破坏性技术
与创新的困境

克莱顿·克里斯坦森教授说过，技术分为持续性技术和破坏性技术两种。前者是为了满足追求更高性能的顾客，提高现有产品性能的技术。而后者虽然比持续性技术的性能低，但却拥有低价格、小型、简单等特点。

破坏性技术原本是被定格在低端市场的，但是随着其性能的提高，尽管是低价格的，却也拥有市场通用的性能。其结果是，淘汰了市场中的持续性技术提升。这就是"破坏式创新"。

柯达因为一直固守于获取高利润的银盐胶卷，所以推迟了进入画质较差，但成本却比胶片便宜的数码相机市场。据说柯达就是以此为诱因而导致破产的。因此柯达陷入困境的状况就称为"创新的困境"。

专栏十七

实现市场控制的经验效应

　　所谓"经验效应"，是指20世纪60年代波士顿咨询公司（BCG）调查产品成本，发现累计生产量和单位成本之间存在一定的关联。一般来说，累计生产量增加2倍，成本就会减少20%~30%。

　　成本降低的原因有新技术的采用、学习、专家、规模等几个要素。如果以这个经验效应为前提的话，就可以确认自己公司以及竞争对手的价格战略。

　　例如，推出新产品的时候，如果预计总有一天成本会下降，那么从一开始就降低价格确保市场占有率，从长远来看也能获利。

　　夺取大的市场占有率意味着批量生产。这样一来，顶尖企业的经验就会积累，生产成本会进一步降低，与其他企业的成本差距也会加大。换言之，经验效应一旦有了差异，就很难逆转。

第 **7** 章

提高企业发展可能性
和价值的战略概述
（职能层战略二）

琴美的讲授还在继续。接下来讲解有关信息技术时代急剧发展的技术战略和企业发展不可缺少的组织战略、财务战略的话题。

01 将大数据运用到经营战略中

近年来，在网络等信息技术中备受关注的运用大数据的经营战略是什么？

琴美开始向惠子讲解大数据的使用："随着信息与通信技术（ICT）的发展，比以往容量大、更新频率高、种类多样的数据称为**大数据**。不仅平板终端和智能手机，汽车、电表等也配备了通信功能，自动控制、信息收集成为可能，此为物联网（Internet of Things，缩写为IoT）。"

使用大数据的例子

社交媒体数据
写在社交网络（SNS）的人物简介、评论等。

多媒体数据
网站等提供的音频和视频等。

传感器数据
通过全球定位系统（GPS）、IC卡、射频识别（RFID）等检测到的历史记录等。

办公数据
在办公室的电脑上制作的文件、电子邮件等。

大数据
现在，大数据不仅应用于企业经营，学术、行政、防灾等各个领域也在积极应用。

网站数据
电子商务网站的购买记录、博客申请等。

客户数据
电子商务网站的会员数据、快讯商品广告（DM）等促销数据等。

操作数据
销售管理上的销售点终端（POS）数据、交易明细数据等。

日志数据
在网站（Web）服务器等当中自动生成的日志等。

随着社交网络的普及，个人也开始向网络上传图像和视频等数据。通过这些大量且多样的数据掌握人、社会、环境的状况，就能够得到顾客的兴趣和购买欲望等信息。这些信息对于企业制定经营战略来说是非常珍贵的资料。另外，因为信息容易复制和移动，所以与其他公司的大数据组合使用成为可能。

IoT的使用例子"按驾驶行为付费（Pay How You Drive，缩写为PHYD）"

在美国和欧洲国家正在普及的PHYD型汽车保险，是指通过搭载在汽车上的设备（机器）来掌握签约者的开车状况，从而降低优良驾驶员的保险费。

145

扩大零售可能性的
Seven & I 公司

关于互联网和大数据的使用，零售业和流通业采用什么样的经营战略呢？

琴美说："零售业、流通业已经开始了从'多渠道'到'全渠道'的转变。"Omni是"全部"的意思，是由表示"多个"的Multi进化而来的。在实体店、电视、目录邮购、在线购物等所有地方能够预订、购买商品，在附近的便利店就能收到产品的销售、流通结构就是全渠道。

Seven & I 公司的全渠道战略

消费者购买商品时的渠道，从只有实体店和消费者的"单渠道"，向实体店、目录邮购、电子商务网站等和消费者相连的"多渠道"，再向实体店、目录邮购、电子商务网站等所有被统一管理的"全渠道"进行变化。

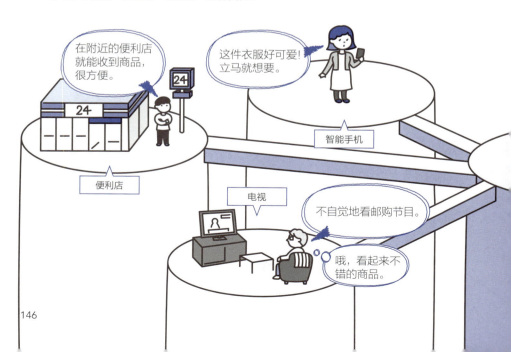

Seven&I Holdings旗下拥有伊藤洋华堂、崇光、西武等，在订购了这些店铺所经营的商品、个人品牌的商品，甚至是没有店铺的在线邮购商品等任何商品后，消费者都可以在拥有日本最多店铺数的7-11便利店取货。Seven&I Holdings配备了融合现实与网络的销售流通网。这也可以说是利用了大数据，以顾客为中心的细致的经营战略。

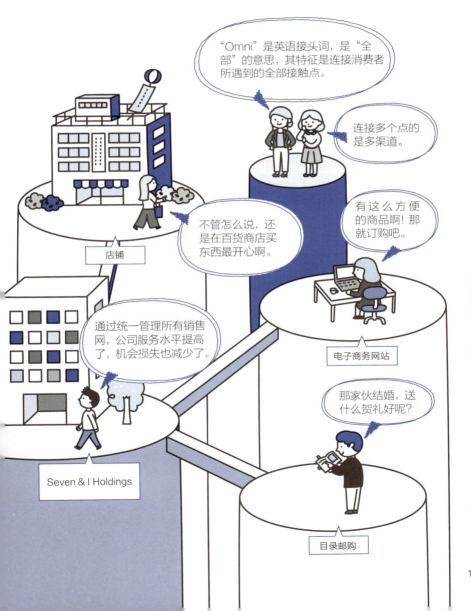

03 产生巨额利润的 "事实标准" 概述

产品的"规格"和"标准"是按照什么样的程序来决定的呢？另外，
为什么需要标准化呢？

　　"为什么市场上有各种各样的产品，却制定了统一的规格和标准，这是
为什么？"对于惠子的疑问，琴美回答："标准化会产生巨额利润。规格和
标准中有国际标准化组织制定的正式标准。除此之外，市场竞争的结果，
由市场实际接纳的技术标准称为事实标准。"

正式标准和事实标准

● **正式标准** 由国际标准化组织（ISO）和日本工业标准（JIS）等国际标准化组织制定。

● **事实标准** 无论有无标准化组织的认可，都是由市场竞争结果决定的。

事实标准的代表例子就是个人电脑操作系统Windows。随着工作和学校用户数量的增加，开发兼容软件（互补产品）的企业也在增加，进而使用性能越来越好。由于这种网络外部性的影响，开发Windows的微软获得了巨额利润。展开了廉价或免费公开技术等扩展战略，在市场上将自己公司的产品标准化。

网络外部性概述

不仅是个人电脑的操作系统，SNS和在线游戏等通信服务也是网络外部性在发挥作用，即用户越多越能提供各种各样的软件以增加便利性。

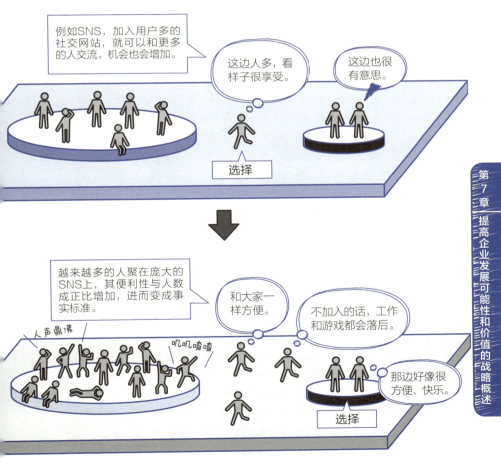

04 通过企业合并和收购购买时间的战略

企业的合并和收购是以什么样的目的、方法进行的呢？采取这种经营战略时应注意什么？

琴美向惠子讲解企业的合并与收购。她说："'合并和收购'的缩略语是'并购'（M&A）。我们在新闻上也会听到。通过并购竞争公司有能力的人才、品牌、工厂、技术、店铺等作为自己公司的资源，以谋求进入其他领域，确保销路和供应网。如果把这认为是购买其他公司创造、积累经营资源的"时间战略"，或许比较容易理解。"

并购的目的

并购（M&A）是Merger and Acquisition（合并和收购）的缩写。本公司通过获得自己公司没有的资源，实现扩大销路和提升市场份额等目标的战略，即并购战略。

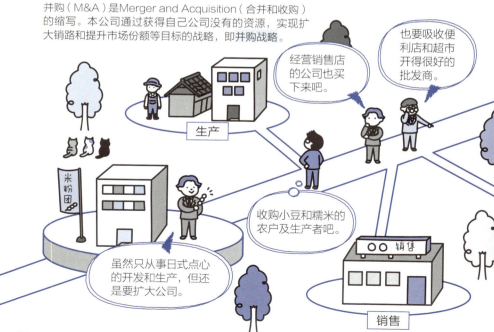

最近，日本市场有萎缩倾向，在海外并购的国内企业在增加。但事实是很多案例都以失败而告终，有研究结果表明约有半数企业都失败了。失败的原因各有不同，能够列举出的原因有自己公司战略不明确、发展前景和目标企业的事先调查不足等。由于每个企业的组织结构和业务风格并不相同，所以关于合并、收购后的实施政策有必要事先认真准备。

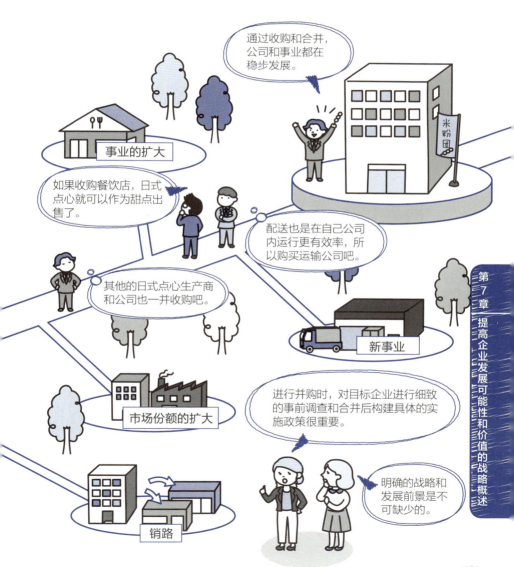

05 并购涉及很多人

要进行并购，总觉得需要员工以外的专家。那么，并购过程中会涉及哪些人呢？

琴美开始谈论她参与并购流程的经验："从并购的准备到实施，涉及律师、会计师、投资信托银行和税务专家等很多人。买卖双方都有金融顾问（FA），进行收购金额的计算和协商。金融顾问的报酬分为支付雇佣期间的固定金额和根据并购案的金额支付成功报酬两种情况，所以需要事先确认。"

并购流程

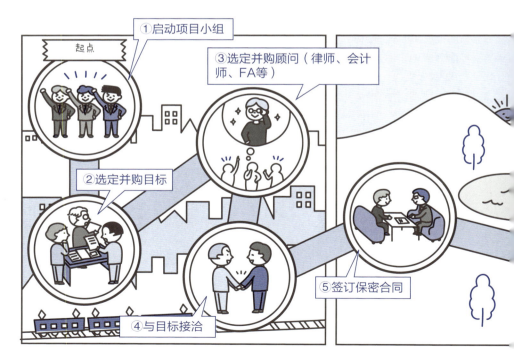

①启动项目小组

③选定并购顾问（律师、会计师、FA等）

②选定并购目标

④与目标接洽

⑤签订保密合同

起点

并购的主要流程是从项目小组的成立开始的，经过目标的选定和接洽，保密协议签订之后就开始谈判。但是，即使谈判达成基本协议，有时也没有法律约束力。因此，实际上最费时的过程被称为尽职调查（详查），就是检查会计账簿和合同内容是否存在欺诈和法律风险。在这个工作中，前面提到的很多专家都会参与。

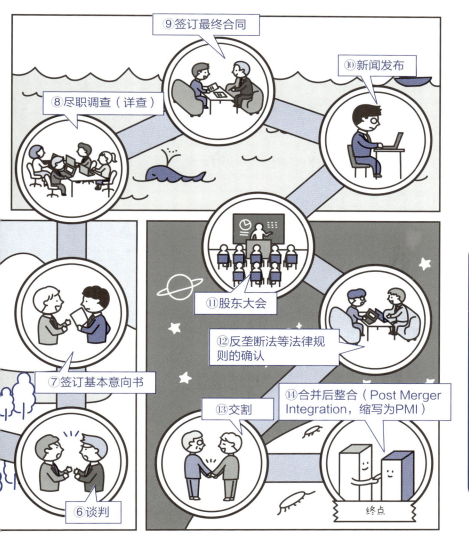

06 和其他企业合作产生收益

除了并购之外，也有利用与其他企业关系的经营战略。那么，三个以上的企业高效合作的方法是什么？

  琴美讲解有关比并购更为灵活的战略："可以考虑一种被称为联盟的，站在平等立场上的合作关系。技术合作、联合开发、销售委托等能够比并购更快地实施。联盟的方式有很多种，比如合约合作、共同投资、建立合资企业等。在实施并购之前，也可以用来了解彼此的企业文化。"

并购和联盟的区别

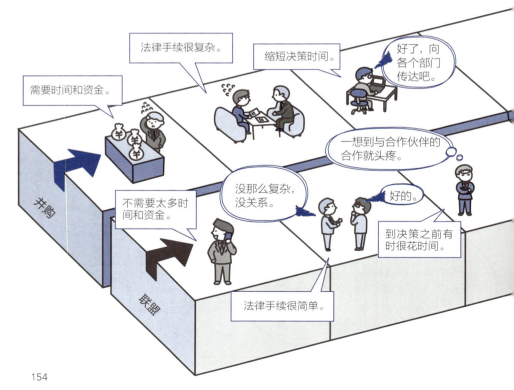

与建立资本关系的并购不同，在平等基础上签订的联盟合同的缺点是有可能无法实现理想状态的合作，特征是很容易解除合同。解除合同后，为了避免自己公司的重要技术和诀窍泄露给其他公司，最好事先利用合同规避风险。即使共同投入相同的金额，也应该构建一个责任明确的机制。

07 产生协同效应的两种方法

多个企业在进行合并时，为了最大限度地提高协同效应，企业应采取的组织战略是什么？

琴美为惠子讲解关于最大限度地发挥协同效应的方法。她说："在进行并购和联盟时，有**纵向合并**和**横向合并**两种组织战略。所谓纵向合并，就是与自己公司的上下游公司合并，扩大事业领域。例如，成品制造商与作为供应商的原材料制造商合并（上游合并），或者与位于下游的销售商合并（下游合并）。"

纵向合并理论概述

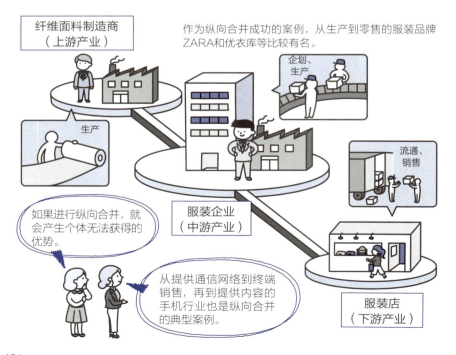

作为纵向合并成功的案例，从生产到零售的服装品牌ZARA和优衣库等比较有名。

纤维面料制造商（上游产业）

企划、生产

生产

流通、销售

服装企业（中游产业）

服装店（下游产业）

如果进行纵向合并，就会产生个体无法获得的优势。

从提供通信网络到终端销售，再到提供内容的手机行业也是纵向合并的典型案例。

另一种是横向合并，是指同行业内相同企业进行合并，从而扩大事业规模的战略。此方法在以获得新的市场和顾客为目的的情况下使用。近年来，市场不断萎缩的日本企业和海外企业横向合并的案例也在增加。另外，和横向合并类似的说法叫作横向拆分，就是将自己公司价值链中的一部分委托给外部，专注于自己公司优势部分的战略。

横向合并和横向拆分

虽说横向合并和横向拆分的说法类似，但战略各有不同。

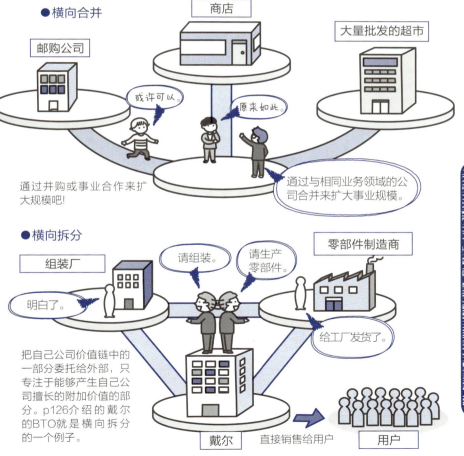

●横向合并

邮购公司

商店

大量批发的超市

或许可以。

原来如此。

通过并购或事业合作来扩大规模吧!

通过与相同业务领域的公司合并来扩大事业规模。

●横向拆分

组装厂

请组装。

请生产零部件。

零部件制造商

明白了。

给工厂发货了。

把自己公司价值链中的一部分委托给外部，只专注于能够产生自己公司擅长的附加价值的部分。p126介绍的戴尔的BTO就是横向拆分的一个例子。

戴尔

直接销售给用户

用户

08 企业财务活动包含的三个方面

企业运营中极为重要的财务活动战略该如何制定、执行呢?

琴美讲解财务活动:"企业财务是指企业的整体财务活动,其中有时也特指投资理论和企业金融理论。企业的财务活动包括投资活动、资本筹措、分红政策三个方面。缺少哪一项都无法最大限度地提高公司价值。采用均衡的财务战略能够支撑企业活动顺利进行。"

企业财务的三种类型

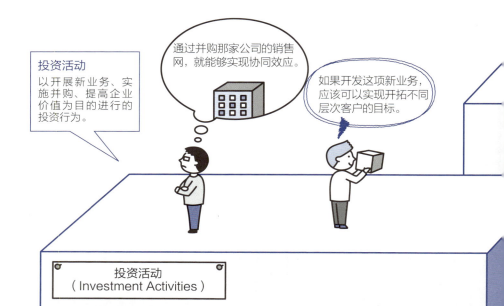

投资活动
以开展新业务、实施并购、提高企业价值为目的进行的投资行为。

通过并购那家公司的销售网,就能够实现协同效应。

如果开发这项新业务,应该可以实现开拓不同层次客户的目标。

投资活动
(Investment Activities)

投资活动是指为了开展新业务、实施并购、提高企业价值而进行的投资行为。资本筹措是指筹措事业活动所需的资金，其有两种方法：发行股票让股东购买的方法；银行贷款、发行公司债券等通过负债筹措资金的方法。分红政策是指决定从公司的纯收入中拿多少返还给股东以及拿多少内部保留并进行再投资的政策。

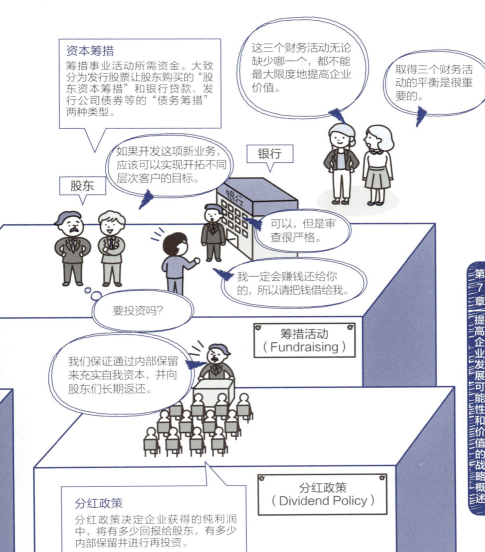

资本筹措
筹措事业活动所需资金。大致分为发行股票让股东购买的"股东资本筹措"和银行贷款、发行公司债券等的"债务筹措"两种类型。

这三个财务活动无论缺少哪一个，都不能最大限度地提高企业价值。

取得三个财务活动的平衡是很重要的。

如果开发这项新业务，应该可以实现开拓不同层次客户的目标。

银行

股东

可以，但是审查很严格。

我一定会赚钱还给你的，所以请把钱借给我。

要投资吗？

筹措活动（Fundraising）

我们保证通过内部保留来充实自我资本，并向股东们长期返还。

分红政策（Dividend Policy）

分红政策
分红政策决定企业获得的纯利润中，将有多少回报给股东，有多少内部保留并进行再投资。

第7章 提高企业发展可能性和价值的战略概述

评估自己公司业绩的方法

企业价值是指公司的价格，通过数学公式也能算出来。

　　惠子问到关于企业价值的计算方法，琴美回答："所谓企业价值，顾名思义就是该公司所拥有的价值，作为管理自己公司经营的指标，同时作为衡量正在讨论合并和收购的目标公司价值的指标是很重要的。企业价值的计算方法有可比公司法、净资产法等几种，但大多采用的是现金流量贴现法（DCF法）（p163）"

EVA 概述

EVA是Economic Value Added（经济附加值）的缩写，是评估企业创造价值的方法，是通过年度税后净营业利润减去资本成本的实际金额（过去投入的总资本×加权平均资本成本）算出来的。

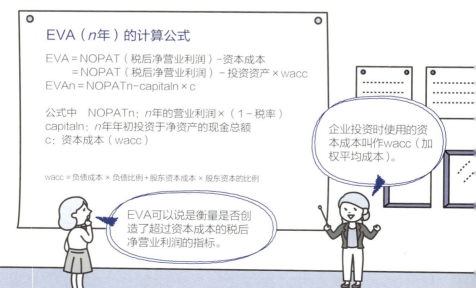

EVA（*n*年）的计算公式

EVA = NOPAT（税后净营业利润）–资本成本
　　　= NOPAT（税后净营业利润）– 投资资产 × wacc
$EVA_n = NOPAT_n - capital_n × c$

公式中　NOPATn：*n*年的营业利润 ×（1 – 税率）
capitaln：*n*年年初投资于净资产的现金总额
c：资本成本（wacc）

wacc = 负债成本 × 负债比例+股东资本成本 × 股东资本的比例

企业投资时使用的资本成本叫作wacc（加权平均成本）。

EVA可以说是衡量是否创造了超过资本成本的税后净营业利润的指标。

企业在评估自己公司的业绩时使用的就是EVA，它是经济附加值的英文首字母缩写，是关注是否创造了超过资本成本的税后净营业利润的方法，比其他指标更能了解实际利润，一般用在年度业绩评估和设备投资的决策评估中。但是，根据EVA的说法，相比新事业，优先投资现有的成功事业也有弊端，有必要仔细分析。

用图表来看EVA

用左边的计算公式可能不好理解，用图表来表示EVA就容易理解多了。

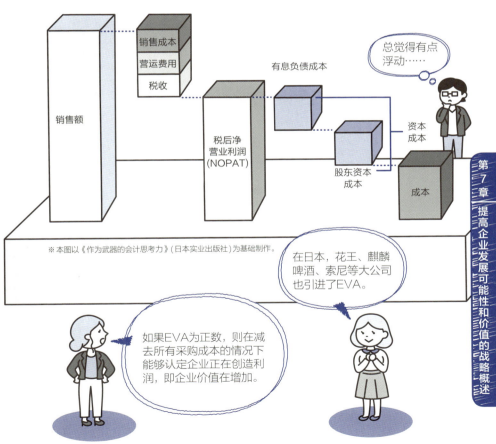

销售成本
营运费用
税收

有息负债成本

总觉得有点浮动……

销售额

税后净营业利润
(NOPAT)

资本成本

股东资本成本

成本

※ 本图以《作为武器的会计思考力》（日本实业出版社）为基础制作。

在日本，花王、麒麟啤酒、索尼等大公司也引进了EVA。

如果EVA为正数，则在减去所有采购成本的情况下能够认定企业正在创造利润，即企业价值在增加。

10 评估企业价值的三种方法

没有上市，股票没有在市场上交易的企业价值怎样估算才好呢？

琴美说："发行能够在证券交易所等处进行交易的股票，这样的企业通过让投资者购买自己公司的股票来筹措资金，但股票价格是由供需匹配的价格，即市场价格来决定。基本上，股票价格乘以已发行股数就是股票市值。即便是未上市公司的股票价格，其计算方法也相当简单，可以用Excel等计算软件来完成。"

上市公司的价值由市场决定

当然，业绩良好的上市公司的股票价格，由于想买的人比想卖的人多而上涨。也就是说，上市公司的价值由市场决定。

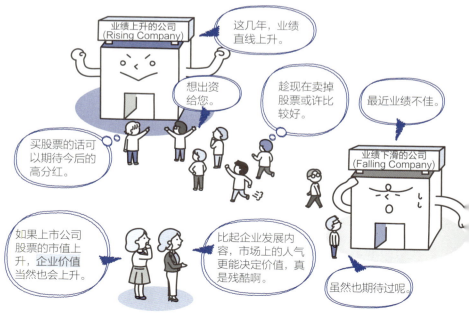

未上市公司的股价计算方法大致分为三种：第一种，以财务报表为基础；第二种，参考类似的上市公司的股价；第三种，以企业自由现金流为基础的DCF法。第一种是通过公司资产、负债的比较进行计算的方法，该方法多用于中小企业等。第二种是通过类似公司的利润和市值进行推测的方法，该方法被称为多重法。但实际上很难找到完全类似的企业，网络公司等发展迅速的公司，将未来产生的资金作为指标使用。第三种方法计算的情况越来越多。

评估未上市公司股价的三种方法

计算新事业或创业者创造企业价值的方法大致分为以下三种，通常是多种方式并用才能决定。

③以企业的自由现金流为基础进行估算

最常采用的方式称为DCF法。预测事业未来创造的自由现金流（公司能够自由使用的资金），然后用预期收益率将其折现进行计算。

①以财务报表为基础进行估算

该方法包括净资产方式和市值净资产方式，主要以资产负债表（平衡表）为基础进行计算。

从总资产中减去负债之后的净资产作为市值。

以企业发展内容和规模类似的上市公司的财务数据、股票、交易事例为基础来估算吧。

预测未来5年的自由现金流，并换算成现值吧。

②参考类似的上市公司的股价

虽然有可比公司法和可比买卖法，但由于没有开展完全相同业务的其他公司，所以只能作为比较使用。

悲观方案……光是想想感觉压力都很大。

执行DCF法的时候，实际上进行5年的计算很难，所以一般会制订乐观方案、基本方案、悲观方案三种。

专栏十八

给金融发展领域
带来革命的金融科技

金融科技是金融（Finance）和技术（Technology）相结合产生的新词。这里的金融是指结算、汇款、汇兑、资产管理、融资、保险等与金钱相关的所有领域。技术主要是指信息技术。金融科技是指AI、云计算、大数据、智能手机的相机功能、二维码、GPS功能等各种各样的技术与金融融合使用。

我们来看看金融科技在每个金融领域的具体例子吧。首先在结算中，智能手机和信用卡相关联，从而使结算更快速、更简便，并且这种方法已经迅速普及。这个领域有数量最多的初创企业在竞争。各个公司都为消费者和小规模商店提供了能够引入廉价结算系统的服务。另外，以结算业务得到的信息为基础，非银行的金融科技公司也正在涉足融资和审查业务。

在汇款过程中，有使用App的个人间的交换、无须汇兑通过比特币等密码货币（虚拟货币）进行资金转

移。肯尼亚的通信运营商提供的移动汇款服务在该国的汇款业务中占有50%～70%的份额。

在融资方面，除了以上述结算信息为基础的银行以外的企业加入，银行也开始盛行通过个人和企业少量筹集需要严格审查的资金。另外，还出现了将汽车行驶信息转化为大数据，判断风险等级，根据行驶距离、年龄、驾驶历史等确定保费的汽车保险。同样，也有通过智能手机收集心跳数和步数等与健康相关的数值，来计算风险的医疗保险和人寿保险的方法。

原本金融业和信息技术是很投缘的，但是在日本，以银行法为首，因为被出资法、贷款业规制法、资金结算法等各种各样的法律所束缚，所以存在落后于全球金融科技潮流的危险。以前，银行控股公司只允许经营金融的主要业务，但是最近有关法律的修订正在推进，参与金融科技发展领域、资金管理公司等，个别批准信息技术企业收购的完善机构可能出现。

专栏十九

颠覆金融常识的 区块链

　　区块链也被称为分布式账本技术，是实现虚拟货币功能和服务的非常重要的技术。

　　虚拟货币的交易与之前的货币交换有何不同呢？在此，我们来看看以往的情况：从O银行A先生的账户向X银行B先生的账户汇款10万日元。A先生在窗口或自动柜员机办理汇款手续时，A先生的账户余额减少了10万日元。B先生的账户余额增加了10万日元。银行之间也没有现金交易，而是在日本银行的两家银行的账户上进行差额结算。也就是说，只留下存取款的记录。

　　这种"金钱就是记录(数据)"的想法就是虚拟货币的原理。迄今为止，这个记录只停留在个人的存折、各银行、中央银行中，不过，在虚拟货币中对所有的参与者(节点)以区块的形式公开。但是因为是加密的，所以不知道具体的交易内容。A先生再往别的账户汇10万日元时，虽然虚拟货币中没有管理余额的银行，但如果篡改，那这个加密的区块将无法连接下一个区块，从而无法进行交易。把这个区块和区块连接起来的结构叫作区块链。

银行的电脑集中管理顾客账户的传统方法，如果受到网络攻击的话，所有的交易都会停止。但是，区块链是可以随时恢复的，因为所有的交易都记录在数量庞大的节点上。该系统也有望用于房地产登记和证券等领域，以证明其真实性。在美国，进行了猪肉的可溯源性试验，即一头猪在哪里由谁生产、通过什么渠道摆在货架上并被购买做成区块链的实验。如果这些记录分散保留，那半永久性的追踪就成为可能。

虚拟货币和区块链颠覆了中央银行集中管理货币的常识。但是，现在以中央银行为首的金融界对该系统产生了强烈的兴趣，开展了各种各样的项目。

专栏二十

股份和首次
公开募股（IPO）

股份是公司为了向投资者筹措资金而发行的。一般指的是"普通股"，一种股票所赋予的权利原则上是平等的。在股东大会上的表决权、领取红利的权利等，根据所持有的股份数来决定。但是，如果在章程上进行注册的话，则可以为每个股东分配不同的红利，可以发行其表决权受到限制的股份（类别股份），也可以对每个股东采取不同待遇。

如果在证券交易所上市，股票的交易规模变大，股价上涨的话，就能得到很多资金。因此，很多企业的目标是IPO。但是，如果股份数、股东数、净资产等不满足一定的标准就不能上市。以东京证券交易所为例，按照创业板、市场二部、市场一部的顺序其标准也越来越严格。现在新的框架也在研究中。

如果股票上市，那家企业的信息就会全部公开，股东也会增加，因此对企业经营的干预也会加强。其中也有讨厌这些而再次成为非上市公司的企业。

第 **8** 章

战略实施方法

今天是教授讲授的最后一节课。最后一课讲的是"战略如何实施"。惠子明白了战略不仅要学习，实施也很重要。

根据战略改变组织的杜邦

公司的组织结构是如何运作的？总觉得和战略有关。

教授问惠子："你知道'组织遵从战略'这个词吗？"惠子摇摇头。教授开始解释说，"这是小艾尔弗雷德·钱德勒（p14）著作的日本版标题。这句话的意思是根据战略来决定组织结构。例如，第一次世界大战后，改变战略，进行大规模组织变革的化学制造商杜邦。"

杜邦的组织变更

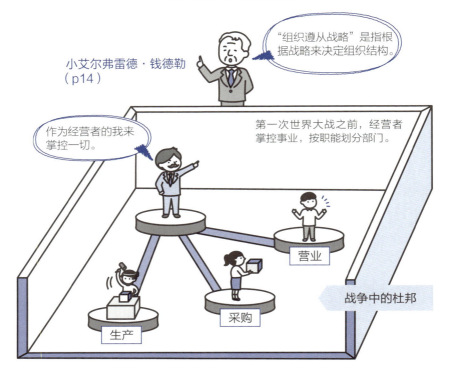

第一次世界大战前，杜邦是生产、采购等职能分开的部门全部由经营者掌控的中央集权型企业。但是，战争结束后，随着战争特需的消失，杜邦采取了多元化战略，将组织变更为按产品设立事业部的事业部制企业。除了杜邦，根据战略变更组织的企业还有通用电气、西尔斯·罗巴克等公司。

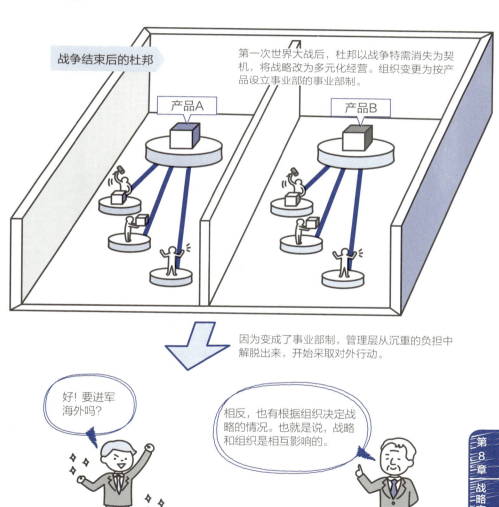

战争结束后的杜邦

第一次世界大战后，杜邦以战争特需消失为契机，将战略改为多元化经营。组织变更为按产品设立事业部的事业部制。

产品A

产品B

因为变成了事业部制，管理层从沉重的负担中解脱出来，开始采取对外行动。

好！要进军海外吗？

相反，也有根据组织决定战略的情况。也就是说，战略和组织是相互影响的。

02 3个"硬件S"和4个"软件S"

为了实施经营战略,掌握自己公司的状况很重要,为此正合适的框架是"7S"。

教授在谈论有关分析自己公司内部状况的框架:"7S是管理咨询公司麦肯锡提倡的理论。优秀企业可以通过3个'硬件S'和4个'软件S'相互补充来实现战略执行。前者是战略、组织、公司内部的系统(制度),后者是共同的价值观(理念)、经营风格、人才、技能。"

3个"硬件S"

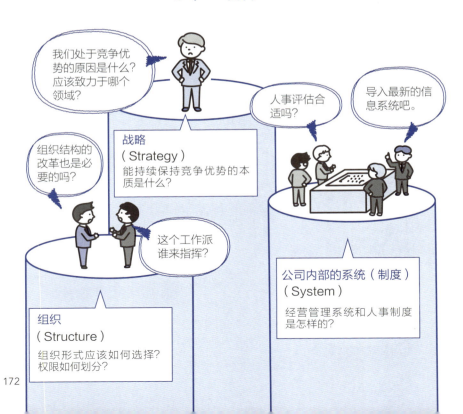

我们处于竞争优势的原因是什么?应该致力于哪个领域?

人事评估合适吗?

导入最新的信息系统吧。

组织结构的改革也是必要的吗?

战略
(Strategy)
能持续保持竞争优势的本质是什么?

这个工作派谁来指挥?

公司内部的系统(制度)
(System)
经营管理系统和人事制度是怎样的?

组织
(Structure)
组织形式应该如何选择?权限如何划分?

"硬件S"比较容易改变，但是"软件S"哪个元素都无法轻易改变。近年来，经营风格、人才等软件成为企业新变革的绊脚石的例子有很多。也就是说，优秀企业因为"软件S"而出现差异也不为过。相反，也可以说经营方需要有意识地经营"软件S"。

四个"软件S"

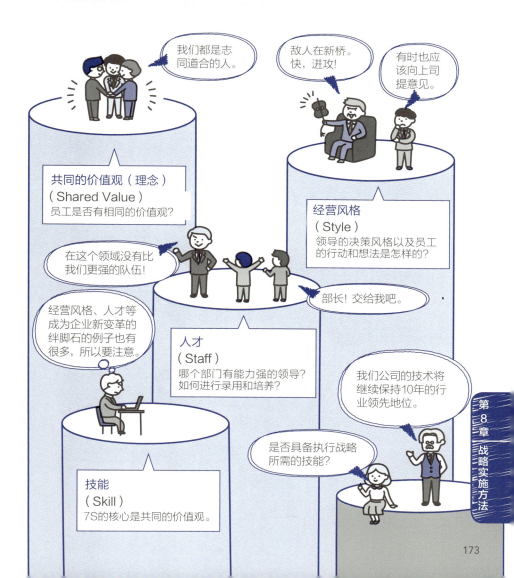

...

03 战略执行与业绩评价

据说战略成功的关键节点在于战略实施之后。那是怎么回事呢?

　　教授说:"要想战略成功,运用戴明环(PDCA)很重要。"这是战略实施后,检查其进展是否顺利,必要时进行修正和改善,然后再实施的循环理论。惠子问:"有评估战略进展是否顺利的方法吗?"教授回答:"平衡计分卡(BSC)作为战略执行和业绩评价的工具很有名。"

PDCA概述

反复进行计划、执行、检查、处理的PDCA循环,明确设定目标,持续多次进行是很重要的。

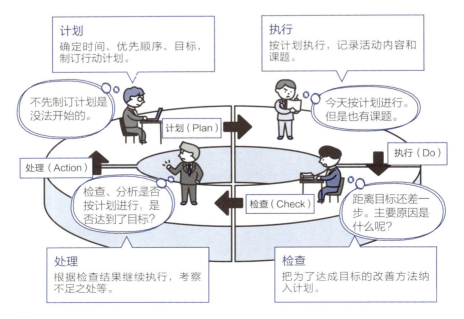

管理会计领域著名的卡普兰和诺顿提出了平衡计分卡（BSC），他们认为从财务、客户、内部运营、学习与成长四个角度来平衡组合绩效管理指标是很重要的。关于这一平衡的重要性，卡普兰和诺顿表示："仅从财务角度出发的预算管理经营，就像是看着后视镜开车一样。"

平衡计分卡（BSC）概述

作为倡导者的卡普兰和诺顿认为，在制定和评估战略时加入财务以外的指标，能够形成具有挑战性的组织和经营风格。

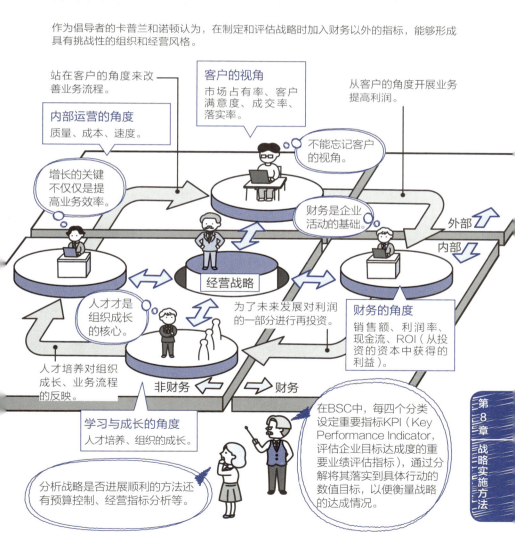

站在客户的角度来改善业务流程。

客户的视角
市场占有率、客户满意度、成交率、落实率。

从客户的角度开展业务提高利润。

内部运营的角度
质量、成本、速度。

不能忘记客户的视角。

增长的关键不仅仅是提高业务效率。

财务是企业活动的基础。

外部

内部

经营战略

人才才是组织成长的核心。

为了未来发展对利润的一部分进行再投资。

财务的角度
销售额、利润率、现金流、ROI（从投资的资本中获得的利益）。

人才培养对组织成长、业务流程的反映。

非财务

财务

学习与成长的角度
人才培养、组织的成长。

在BSC中，每四个分类设定重要指标KPI（Key Performance Indicator，评估企业目标达成度的重要业绩评估指标），通过分解将其落实到具体行动的数值目标，以便衡量战略的达成情况。

分析战略是否进展顺利的方法还有预算控制、经营指标分析等。

04 变革时代需要领导力

终于到了最后一堂课。教授提到了约翰·P. 科特，开始讲述当今时代所需要的领导力。

　　课程的最后，教授讲了约翰·P. 科特（p21）的故事："科特主张改变管理，也就是说，重新设定企业愿景和事业领域，大力变革企业文化和行为模式。切斯特·巴纳德在其著作《经理人员的职能》中提到，为了使组织有生产性和效率，员工的协作意愿、共同目标、信息沟通是很重要的，但是科特认为这些是管理，并不是领导。"

变革需要八个步骤

推进变革计划！

传达战略！

步骤2
组成强有力的变革计划推进小组。

步骤3
确定指示变革计划方向的愿景，制定战略。

步骤4
用一切手段传达新的愿景、战略。

分析市场，掌握竞争对手的状态，讨论现在的危机状况和今后的风险及机会！

步骤1
彻底认识企业面临的危机。

发挥领导力，分八个步骤对企业进行改革吧！

"科特认为，变革时代需要领导力，这是一种超越规则，通过启发和动机引导，让其他员工想要跟随这个人，从而推动企业发展的方法论。另外，科特也指出，如果没有推动社交和变革的强烈能量，就无法统领企业。此外他还提出了具体变革的八个步骤。"

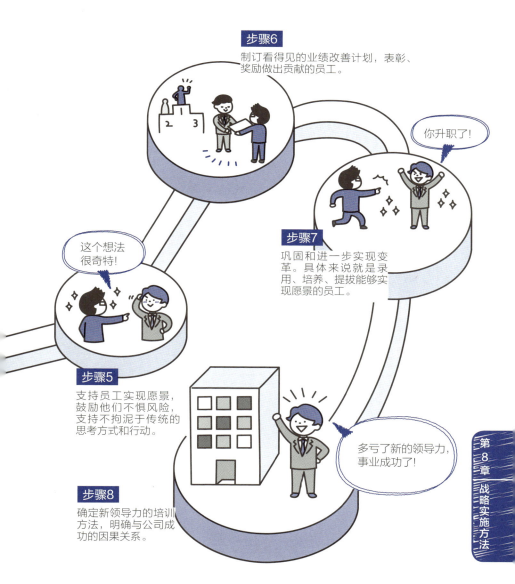

步骤6
制订看得见的业绩改善计划，表彰、奖励做出贡献的员工。

你升职了！

这个想法很奇特！

步骤7
巩固和进一步实现变革。具体来说就是录用、培养、提拔能够实现愿景的员工。

步骤5
支持员工实现愿景，鼓励他们不惧风险，支持不拘泥于传统的思考方式和行动。

多亏了新的领导力，事业成功了！

步骤8
确定新领导力的培训方法，明确与公司成功的因果关系。

自学笔记

自学笔记

自学笔记

自学笔记

ゼロからわかる！経営戦略見るだけノート

平野敦士卡尔

Copyright © 2019 by Carl Atsushi Hirano.

Original Japanese edition published by Takarajimasha, Inc.

Simplified Chinese translation rights arranged with Takarajimasha, Inc.,through Shanghai To-Asia Culture Co., Ltd.

Simplified Chinese translation rights © 2019 by China Science and Technology Press Co., Ltd.

北京市版权局著作权合同登记　图字：01-2020-4149。

图书在版编目（CIP）数据

零基础经营学笔记 / （日）平野敦士卡尔著；田孝平译 . — 北京：

中国科学技术出版社，2020.8

ISBN 978-7-5046-8743-2

Ⅰ.①零… Ⅱ.①平…②田… Ⅲ.①企业经营管理 Ⅳ.① F272.3

中国版本图书馆 CIP 数据核字（2020）第 138572 号

策划编辑	申永刚　　赵嵘
责任编辑	申永刚　　陈洁
版式设计	锋尚设计
封面设计	马筱琨
责任校对	吕传新
责任印制	李晓霖

出	**版**	中国科学技术出版社
发	**行**	中国科学技术出版社有限公司发行部
地	**址**	北京市海淀区中关村南大街 16 号
邮	**编**	100081
发行电话		010-62173865
传	**真**	010-62173081
网	**址**	http://www.cspbooks.com.cn

开	**本**	880mm×1230mm　1/32
字	**数**	180 千字
印	**张**	6
版	**次**	2020 年 8 月第 1 版
印	**次**	2020 年 8 月第 1 次印刷
印	**刷**	北京华联印刷有限公司
书	**号**	ISBN 978-7-5046-8743-2/ F・898
定	**价**	49.00 元

（凡购买本社图书，如有缺页、倒页、脱页者，本社发行部负责调换）